PECADO ES MI NOMBRE

Joel Cano

Gotham Books

30 N Gould St.
Ste. 20820, Sheridan, WY 82801
https://gothambooksinc.com/

Phone: 1 (307) 464-7800

© 2024 *Joel Cano*. All rights reserved.

No part of this book may be reproduced, stored in a retrieval system, or transmitted by any means without the written permission of the author.

Published by Gotham Books (October 2, 2024)

ISBN: 979-8-3304-2007-0 (H)
ISBN: 979-8-3304-2005-6 (P)
ISBN: 979-8-3304-2006-3 (E)

Because of the dynamic nature of the Internet, any web addresses or links contained in this book may have changed since publication and may no longer be valid.

The views expressed in this work are solely those of the author and do not necessarily reflect the views of the publisher, and the publisher hereby disclaims any responsibility for them.

Tabla de contenido

Prólogo iv
Introducción.. v
Mi nombre es pecado.. 1
¿Quien es Dios?... 22
El poder del pecado y la revelación de la gracia 44
El mal que esta en mí.. 61
Consciente "o" inconsciente 77
Pecado vs Perdón... 91
Esclavos o libres 113
Identidad 125
Conclusión.. 145
Bibliografía... 147
Sobre el Autor 148

Prólogo

Leer documentos es tarea muy gratificante. La lectura es tarea de los nobles e inconformes. Joel Cano bajo una motivación imperiosa llega a considerar seriamente el corazón del hombre. No fuimos creados por Dios para ir enredándonos a lo largo de nuestra vida. Hay dentro de cada ser humano una naturaleza adámica e infernal, que va a llevar al hombre a su destrucción final. El autor de este libro usa su pasión y sensibilidad para dar a conocer desde la experiencia su conocimiento de que hay necesidad de un Salvador. Dios quiere que experimentemos el logro permanente. El trabajo de Joel Cano, inquisidor, llevará al lector a descubrir la realidad máxima en Jesucristo.

Pastor. Samuel Reátegui
Iglesia Evangélica Bautista Betania
Lince, Lima, Perú

Introducción

¿Quién controla su vida? Una pregunta que merece una buena respuesta, y parece que mucho análisis, ¡y claro! mucha humildad de nuestra parte, ya que no es fácil reconocer que alguien más controla nuestra vida. El ser humano en su historia tiene un poco más de seis mil años, y en estos seis mil años conocemos que la mayoría han sido de guerra y no de paz, la guerra es una característica principal de nuestra historia pasada y presente, no parece ser fácil lo que el mundo ha vivido y sigue viviendo, la historia a través de libros y películas nos muestran la cruda realidad de lo que pareciera ser el valor de la vida de un ser humano. Y aun en nuestros días vemos las vidas de las personas ser masacradas tan fácilmente, que surge la pregunta en muchos de los hogares alrededor del mundo. ¿Porque tanta maldad? Esta pregunta no solo está surgiendo en reuniones familiares, también resuena en los pasillos de las escuelas y universidades de todo el mundo. ¿Porque la gente es tan mala? ¿De dónde viene todo este mal? Hoy por hoy la gente no se siente segura ni en su propia casa.

¿No es acaso ya tiempo que la línea divisoria entre el bien y el mal sea definida?

Debemos reaccionar ante nuestra sociedad y pararnos firmes para definir lo que está acabando con la especie humana. Debemos desenmascarar al que ha provocado las guerras y todo este mal en nuestra sociedad.

Creación óptima de Dios

La vida humana es algo muy valioso y precioso. Como creación óptima de Dios, somos especiales a sus ojos, Satanás lo entiende, aunque nosotros no lo hagamos. El comprende completamente que no hay nada en el planeta Tierra más valioso y sagrado que el ser humano, hecho a la imagen y semejanza de Dios.

¡La mayoría de nosotros hemos aniquilado moscas, mosquitos, arañas, y toda clase de insectos que puedan molestarnos o causarnos daño, no lo pensamos a la hora de actuar en contra de ellos, también nos hemos sentado en la mesa con la familia o con amigos y hemos comido deliciosos platos que consisten en algún tipo de carne tomada de algún animal, y nos damos a la tarea de comentar con gran placer acerca de lo delicioso que estuvo la comida, y eso es algo normal del diario vivir! Pero si tuviéramos que provocar daño o la muerte de otro ser humano, aunque estemos viviendo los días más malos y los tiempos más difíciles, donde pareciera que la vida no vale nada, aun así, la culpa y el dolor nos perseguirían el resto de nuestras vidas y en muchos de los casos serían casi imposibles de soportar.

¿Qué tiene la vida humana que es tan increíblemente preciosa?

¿Qué hace que la vida humana sea tan valiosa y diferente de todos los otros seres creados que conocemos? Porque los médicos y los profesionales de la conducta gastan millones de dólares en aparatos e investigaciones buscando soluciones para prepararse y saber cómo sanar a un enfermo, física y emocionalmente, porque también la gente paga millones de dinero con tal de que su familiar reciba sanidad, la gente daría todo lo que tiene con tal de que su vida reciba curación de alguna enfermedad terminal.

¿No es algo que nos llame la atención?

¿Porque somos distintos y diferentes de cualquier otra cosa en el universo?

Todo esto se reduce a que hemos sido creados a imagen y semejanza de Dios.

¿Tengo que mencionar al diablo o a satanás? Creo que es necesario, aunque tal vez a muchos se le haga raro, pero al leer este libro usted se dará cuenta de porque lo mencionamos, la vida eterna del hombre está en juego y la gente no se está dando cuenta, en todo nuestro entorno, la sociedad en que nos ha tocado vivir está basada en el placer propio, y esto está llevando al hombre a la destrucción tal y como le sucedió a Lucifer, hoy llamado satanás. Cuando el enfoque de nuestra vida es nuestro propio placer, sin tomar en cuenta a Dios, comienzan a suceder cosas horrendas. Lucifer se encontraba en ese lugar de paz, obediencia y amor perfecto. Él estaba operando en la cumbre de su propósito que era la adoración y ese era un lugar hermoso. El profeta de Dios dijo que él era perfecto en sus caminos, desde el día en que fue creado hasta que se halló maldad (Pecado) en Él. Ese día, toda la hermosura exterior de Lucifer fue corrompida por lo que sucedió en su interior. La corrupción y el pecado en el interior siempre llevan a problemas y a juicios en el exterior.

Algo que comenzó con belleza y esplendor fue transformado en todo lo horrendo que se ve en satanás en la actualidad.

¿Porque pasó esto? Porque Lucifer permitió que el pecado entrara en su corazón y el pecado vino a deformar completamente lo que Dios había creado. El pecado puede convertir un hermoso matrimonio en un horrendo matrimonio. El pecado puede transformar una hermosa vida juvenil y magnífica en una existencia horrenda y depravadora. El pecado puede hacer de un hermoso vecindario a un vecindario horrendo, drogadicto y asesino. El pecado todo lo bello y hermoso lo transforma en lo más vil y menospreciado de la tierra, el pecado ha venido sobre la raza humana con un solo propósito y es de hacer la guerra en los hogares, en los vecindarios, en las ciudades, en los estados, en las naciones y en el mundo entero. La guerra continua, porque esto es lo que hace el pecado, quita la paz.

¿Qué pasa cuando un conflicto bélico entre naciones se está llevando a cabo? Bombas de un lado y del otro lado, lo podemos ver claramente en las noticias ahora con lo de Siria, y los supuestos ataques biológicos, da tristeza ver a esos niños en la condición que se encontraban, a esos hombres y mujeres muriendo, calamidad y terror se respira en los aires cuando se están llevando a cabo una guerra entre pueblos o naciones. El cuadro de la sociedad en la que vivimos hoy día, en el ámbito psicológico es muy parecido, los de los matrimonios y los niños que vemos hoy día en las escuelas, en los vecindarios, en las calles, en los restaurantes y donde quiera que uno va, puede uno percibir las heridas psicológicas en la mujer, en los niños, en los hombres, en las jovencitas, hay gente que parece que está muerta en vida, y todo a causa de la guerra que comenzó el pecado desde los tiempos de Caín, el segundo hijo de Adán.

Ahora lo más grandioso que queremos mostrar es que ese pecado, que ha hecho todo horrendo, ha sido vencido, ha sido derrotado, ha sido quitado de en medio para todo aquel que cree en el sacrificio glorioso de nuestro Señor Jesucristo, hay esperanza para la humanidad, y está al alcance de todos. Dios anhela que lo que Él creò, esté cerca de Él, para darle su amor, darle su bendición, y darle vida eterna con Él en el cielo.

El pecado debe ser definido para que podamos reconocer que estamos atrapados en sus redes, y aprender a como liberarnos de él.

Es nuestro compromiso el poder orientarle con referencia a la definición del pecado y la salvación, y que usted pueda descubrir por usted mismo (a) si está siendo controlado o controlada por algo que ni siquiera tal vez, lo había pensado.

Por Joel Cano.

Mi nombre es pecado

Romanos 7:11 "Porque el pecado, tomando ocasión por el mandamiento, me engañó, y por él me mató".

(Porque el pecado, tomando ocasión por el mandamiento, me engañó, y por él me mató")

Lo creas o no lo creas pero he venido a tomar el mundo entero y adueñarme de él, nací de una forma nunca conocida, y desconocida para todos, sin embargo vivo en cada persona y pongo mi influencia sobre cada ser humano de una y de mil maneras, todos se dan cuenta, pero nadie sabe, que por mi causa, es que existe toda clase de maldad sobre la tierra, hago que se echen la culpa unos a otros y de esta manera mantengo en gran engaño a la humanidad creada por el Dios eterno, Él es el Dios que conoce todo, pues todo lo que existe, sea en esta tierra o en el universo o los universos existentes fueron creados por Él y para Él. Él es el Dios eternamente y para siempre, Su poder es infinito e inigualable, no hay nada que se pueda comparar a Él, ni nada que Él no conozca, Él es la esencia del amor, la justicia y la verdad, no hay nada que se pueda comparar con Él, Él es santo y sublime y sus atributos de: omnipotencia, omnisciencia y omnipresencia lo hacen ser único, Él era, es y siempre será, el mismo es el que le da la vida al ser humano, pero este no lo reconoce como su Señor y mucho menos como su rey y salvador, aunque ellos mismos lo mencionan con sus bocas, que creen en Él, pero sus hechos los delatan, pues no han entendido que mi amo y yo hemos entenebrecido el entendimiento, para que no le conozcan a Él, ni le tomen importancia a la Biblia que es el libro que Él inspiró por su Santo Espíritu para que la humanidad le conozca, es el anhelo de Él, que todo ser humano le conozca y no vaya a perdición y condenación eterna como está escrito en ese libro llamado Biblia, pero es mi deseo y el de mi amo que nadie le conozca y vengan a condenación y tormentos eternos en el mismo infierno, de los cuales muchos no creen que existe por el engaño que he puesto en ellos, sin embargo es más real que sus propias vidas jajajajaja, no se imaginan y hago que no quepa en sus mentes los horrores de este lugar pues ya que son tormentos inigualables, hago que la gente no se imagine lo que está pasando en ese lugar en este mismo momento y cada día aumenta más el número de seres humanos infelices que llegan a este lugar por no creer en la Biblia, la palabra del creador. Ese ha sido mi trabajo y el de mi amo y para que no te quedes con la duda de quién soy te revelaré mi nombre; me llamo pecado y como dije antes: Lo creas o no lo creas esa es la verdad.

No hay ciencia ni disciplina académica que puedan refutar esta verdad, por el contrario, toda la ciencia y toda disciplina académica en este mundo solo verifican y confirman esta verdad y aun las mismas conciencias que el creador puso en la mente del ser Humano lo confirma de igual manera, aunque me he esforzado en gran manera por matar las conciencias de cada persona y he logrado mucho, aun así, muchas todavía siguen vivas y advirtiéndoles a las personas de estas verdades, pero sigo doblando mis esfuerzos para seguir confundiendo a la humanidad y lograr que no crean a sus conciencias.

Pecado (mi historia)

Aunque ya me introduje y te di a conocer quién soy y que es lo que hago con lo que llamo "Hermosa ciudad de alma humana", ahora quiero hablarte de mí nacimiento y como es que hago posible que en alma humana no reine el creador y como puedo mantenerla en tinieblas para que se pierda eternamente en el infierno, tengo que advertirlo y desenmascararme a este mundo pues es el deseo del eterno, y no me queda otra más que obedecer, aunque no sea mi deseo, pues todo lo que existe está sujeto a Él, no hay nada y cuando digo nada, es nada que no esté sujeto a Él, porque en Él fueron creadas todas las cosas, tanto en los cielos como en la tierra, visibles e invisibles; ya sean tronos o dominios o poderes o autoridades; todo ha sido creado por medio de Él y para Él, absolutamente todo está sujeto a Él. Pues Él es Dios y no hay Dios fuera de Él.

Todo comenzó cuando mi amo fue creado en el tercer cielo, su nombre es Lucero, él estando en el cielo sobre toda piedra preciosa se paseaba, cuando caminaba emanaba música de sus vestiduras. Todo es tan hermoso en ese lugar que no hace falta ni la luz del sol para alumbrar, Dios mismo es el resplandor de ese lugar tan bello llamado tercer cielo, las calles son de oro, las paredes de jaspe y de toda piedra preciosa son sus edificios y sus casas, allí no puede existir la maldad, pues Dios es anti maldad, donde esta Dios y hasta dónde llega su resplandor es eliminada automáticamente la maldad. Su santidad elimina todo indicio de maldad provocada por mí, bueno sigamos hablando de mi nacimiento. Fue allí donde la libertad que mi amo Lucero tenía para decidir por sí mismo para qué hacer con sus sentimientos de grandeza que nací, fue la libertad o lo que llaman libre albedrio que tenía Lucifer, que me dio vida a través de esos sentimientos de grandeza que mi amo sintió que fui engendrado, por así decirlo, fue algo que llaman "orgullo" una de mis armas favoritas que usé para convencerlo para que se revelara contra su creador, de allí fue mi comienzo en la historia del universo y del mundo sin fin, todo comenzó en ese hermoso lugar, primero con Lucifer y de allí pudimos influenciar a la tercera parte de los guerreros angelicales existentes en los cielos, los cuales al igual que nosotros descendimos sobre este planeta llamado tierra, tomándolo para nosotros, bueno al menos eso es lo que habíamos pensado, ya que Dios traería a este mundo una raza nueva de humanoides a los cuales mi amo se propuso robar, matar y destruir de alguna manera, pues había ira en el corazón de mi amo, sentía ira por haber sido expulsado de ese hermoso lugar en donde fuimos creados, él piensa que no fue tomada su petición de ser como Dios, o de ser igual a Él, aun en eso yo entenebrecí su entendimiento para creerse también Dios, sin saber Él, que eso no puede suceder jamás, pues Dios es Dios y no hay alguien ni siquiera que se pueda parecer o igualar a Él, ni lo habrá, aunque eso sobrepase nuestro entendimiento, por ser nosotros finitos y limitados de conocimiento, estoy seguro que así es, pero Lucero se ha quedado con ese pensamiento tan arraigado que todavía piensa que será Dios, aunque ya estuvo en la corte celestial y se le dio sentencia de condenación eterna en el lago de fuego, aun así está convencido que engañando al hombre, robándole la bendición, destruyéndolo y matándolo para llevárselo al infierno, se podrá de alguna manera vengar de lo que supuestamente Dios le hizo, al arrojarlo fuera de su presencia.

Después que Dios creó a la primer pareja llamados Adán y Eva, satanás empezó su plan de ataque para quitarles o robarles lo que Dios les había dado que es este mundo y la autoridad sobre él, esta primer pareja sería el blanco de su gran odio contra el creador y así mismo su descendencia, ya que logró con creces su acometido, logramos engañar a Eva y luego a Adán y así entregaron en nuestras manos este mundo y la autoridad que el Padre les había delegado, Lucifer o la serpiente se ensaño y engañó al ser humano. Porque contra Dios nada puede hacer, pues su poder ha quedado reducido a muy baja condición. Bueno es aquí donde yo entro en escena, en la historia de este mundo ya me había creado en el ser de Satanás y ahora iba por el dominio de la humanidad.

En el preciso momento donde mi amo platicó con Eva, la primera mujer que Dios creó para que fuera la ayuda idónea de Adán, en esa conversación estuve yo, y a través de aquellas palabras que mi amo habló con Eva me puede introducir a la hermosa ciudad de alma humana trayendo fuerza a su alma para rebelarse contra el mandamiento del creador, tal y como lo hice con Lucero cuando pudo sentir delirios de grandeza en su corazón, de igual manera lo hice con Eva, pero no por sentir delirios de grandeza sino porque ellos como seres humanos tienen un conocimiento más limitado que el de nosotros, porque ellos viven atados a un cuerpo terrenal y nosotros nos movemos en el plano espiritual donde el conocimiento es mucho más elevado que estando en el cuerpo terrenal. Y fue por el deseo que traje a ella de conocer más allá de lo que sus propios ojos podían ver, o más allá de lo que es la vida y por alcanzar la sabiduría, así fue como logré este golpe, que pude conquistar lo más preciado de este mundo; la ciudad de alma humana.

Fue en Eva que me pude introducir, después en Adán trayendo la desgracia más grande del ser humano pues yo como pecado logré engendrar dentro de ellos; miedo, culpa y vergüenza, estas tres emociones nacieron allí, al yo lograr que desobedecieran al mandamiento del Dios, de allí he estado trabajando contra cada ser humano que nace empezando desde Adán; de generación en generación hasta los días de hoy, y esas tres emociones que hice nacer en Eva y Adán, hoy las he convertido en miles de emociones completamente distorsionadas, no cabe duda que a la bella ciudad de alma humana la tengo tan confundida y a los doctores, que ya ni los propios profesionales de la conducta del ser humano saben qué hacer, porque ellos mismos no saben si es una cosa o es otra en los diagnósticos que ellos califican o tratan de determinar en sus pacientes. jajajajaja

He podido lograr y aglomerar un sinumero de rufianes para mantener cautiva esa hermosa ciudad de Alma Humana tan codiciada por mi amo para la destrucción. Y tan amada por el Padre y Señor de los espíritus. Daré una lista corta de los camaradas que tengo a mi disposición: Orgullo, codicia, avaricia, maledicencia, rencor, odio, y falta de perdón, con estos no solo logro mantener cautiva la ciudad de alma humana sino que, también logro que el Padre no pueda perdonar a la persona que esta cautiva por este sentimiento de falta de perdón. Muchas cosas que logro en el ser humano no son pecados, pero son consecuencias del pecado. Por ejemplo, la opresión no es pecado, pero es una consecuencia del pecado de ira contra alguien, o a través de las mentiras puedo abrir la puerta para que un demonio entre y oprima a la persona, es así como trabajo.

También yo como pecado tengo a: baja estima, tristeza, amargura, desesperanza, desanimo, locura, confusión, depresión, resentimiento, soledad, miedo, culpa, vergüenza, egoísmo, la mentira, ira, estos son algunos de los que he creado en la ciudad de alma humana, yo las llamo armas letales que establezco en zonas estratégicas del corazón y de la mente introduciéndolos muchas veces por los receptores de información más importantes de esta hermosa ciudad y es así que mantengo el control total para el dominio y reino de mi amo.

Al estar yo dentro de esta hermosa ciudad de alma humana puedo poner presión en cualquiera de todos estos compinches para controlarla y no solo a una, sino a territorios completos con diferentes tipos de armas que yo he creado, así es que mi amo pueda trabajar con sus demonios territoriales en diferentes áreas de este mundo, influenciando a través de mi a cada ser humano, hasta poseerlos muchas veces, tal como pasó en el mundo de aquel entonces, cuando se dice que el pensamiento del hombre era de continuo el mal, a tal grado que el Padre decidió raer de la tierra a todo ser viviente, en esos tiempos trabajamos tan duro que logramos engañar al mundo antiguo, tal parece que hoy está sucediendo lo mismo.

Para mí es tan fácil adormecer los sentidos de las personas a través de los instrumentos ideados y controlados por mi amo, la televisión, las computadoras y los celulares son la obra maestra de mi amo. Con la invención del internet podemos manejar estos aparatos y hemos logrado un gran número de adulterios, divorcios, secuestros, control de las mentes, éxtasis y tantas cosas que hemos logrado como los accidentes, la ira, las peleas familiares, los padres contra los hijos y los hijos contra los padres, la desvalorización de los valores morales, la rebeldía, etc. Pues estamos conscientes que los receptores de información más importantes para introducirnos en ellos y gobernarlos son los oídos y los ojos, a los cuales ellos parece ser que lo ignoran pues están tan atentos a toda la información que les damos a través de estos aparatos que, por cierto mis amigos los demonios les llaman a estos aparatos "Patio trasero de nuestra casa" pues es allí donde ellos juegan y se divierten, distorsionando las mentes de las personas y poniendo en ellas ataduras que no les permitan tener interés por la palabra del creador, que no tengan tiempo ni deseos de hablar con su Dios, que no tengan tiempo para Dios, ni para sus propias familias, logrando así el enfriamiento en muchos de esos que se dicen llamar cristianos, y a los que no son cristianos los mantenemos alejados y completamente confundidos para que no puedan conocer al Creador. Pues ese es nuestro objetivo jajajajaja. Ellos ni cuentan se dan y cuando hay alguien que les dice esta verdad no le creen y hasta se enojan jajajajajaja.

En aquel tiempo solo Noé y su familia fueron salvos pues él era pregonero de la justicia de Dios, como se puede leer a través de las Sagradas Escrituras, así mismo en este último tiempo que la Sagradas Escrituras llaman como tiempos finales, me he quedado sorprendido que tan fácil es confundir a la gente, puedo darme un aplauso y aplaudir a mi amo por el trabajo que hemos hecho, sin embargo no puedo quedarme callado y tengo que reconocer que el Todopoderoso ha estado salvando a mucha gente de mis encantos, su Santo Espíritu ha estado convenciendo y revelando de mis armas y estrategias a mucha gente para que renuncien a mí, se han levantado tremendos pregoneros de Justicia como el Noé de aquel entonces, y esto nos ha llevado a quintuplicar nuestras fuerzas en contra de esa hermosa ciudad de alma humana.

Alma humana

Hablemos un poco de esta ciudadela, no es mi intención dejarte saber esta información, ¡pero tengo que hacerlo! Todo empezó cuando El eterno tomó la decisión de crear al ser humano en este mundo, cuáles fueron sus razones, no lo sé, te puedo decir algunas pero prefiero no hacerlo, solo te digo que Él, como Dios, lo decidió así, y vino a este mundo, el cual nosotros lo teníamos en tinieblas pero cuando Él llegó, su Santo Espíritu empezó a ordenarlo todo, fue un caos para nosotros sin embargo pusimos mucha atención en lo que Él empezó a hacer, Él, en cinco días creó todo lo que puedes mirar aquí en la tierra, tanto el sol, como la luna, las estrellas, y los mundos existentes, la noche, el día, toda planta que puedas conocer y que no conoces pero que está sobre la tierra o en las aguas Él lo creó todo, los mares y todo animal marino que se encuentra en los mares, los cielos, los universos, en fin, todo lo que tiene vida ha sido creado por Él, y para Él, todo esto lo hizo en cinco días, Ya en el sexto día creó Dios a todo animal que esta sobre la tierra, también fue en este día que con tal delicadeza y gran amor, Él creó esta hermosa ciudad llamada alma espiritual, (Génesis 1:27-28) fue su creación óptima pues la creó a su imagen y semejanza, a imagen de Él la creó, dándole toda autoridad para que fuera señor de todo lo que Él había creado, tanto de lo que está en los mares, sobre todo lo que vuela en los cielos y sobre todo animal que está en la tierra en otras palabras, lo hizo señor de este mundo ¿puedes creer esto? cuando nosotros lo habíamos tomado para nosotros, no podíamos creer lo que estaba haciendo, no solo vino a ordenar lo que nosotros habíamos puesto en tinieblas, sino que creó un alma que la hizo señor de todo, haaaaaa!

¡Bueno sigamos Mmmm! Luego tomó del polvo de la tierra y formó un cuerpo (Génesis 2:7), algo completamente nuevo para nosotros y nos dijimos el uno al otro; y ahora ¿qué va a hacer Dios? e hizo lo inesperado, lo insólito, lo inimaginable, estábamos todos más atentos que nunca y cuando vimos que su boca se frunció para hacer algo con ella, todos los que estábamos allí tantos ángeles caídos y el mismísimo Lucifer y claro que yo era el primero en la fila y todos empezamos a decir en coro "¡No! ¡No! ¡No! ¡No!". Y ándale que sopló dentro de este cuerpo el alma espíritu que Él había creado. Algo que nos dejó perplejos a todos, ¡Nos dejó locos! porque fue completamente misterioso y que sigue siendo un verdadero misterio para nosotros; ese soplo que dio vida a ese cuerpo, que fue tomado del polvo de la tierra, ¡imagínese usted! Fue tomado del polvo de la tierra y sopló su esencia dentro de él. "No podíamos creerlo", que Él le haya dado tanta autoridad y haya hecho señor de este mundo a un simple y sucio cuerpo de barro, era inimaginable para nosotros, nos quedamos viscos en ese momento, más tengo que decirlo: Lo grandioso y lo maravilloso no es el cuerpo de barro, sino lo que está dentro de ese cuerpo de barro, lo más preciado y lo más valioso que pueda existir en esta tierra es el alma espíritu, que es su esencia misma y por lo que Él trabaja día a día, para que el hombre se dé cuenta, de quien es, y que es lo que lo hace ser especial. El hombre no es menos que un verdadero hijo de Dios, creado a imagen y semejanza de su Padre celestial.

Esta es la razón por la cual hemos estado trabajando tanto, para distorsionar esa imagen y confundir la semejanza para que en nada se parezcan a su Padre y lo hemos logrado con la mayoría de los hoy llamados seres humanos, lo logramos en el tiempo antiguo poco antes que naciera Noé; aunque muchos de los nuestros cruzaron las reglas que el Padre había puesto, para que no se cruzaran habitando con las humanas, aun así las traspasaron y esto llevó a que algunos ángeles rebeldes fueran encarcelados por el Padre, en prisiones eternas de oscuridad.

Es allí donde se encuentra esta hermosa ciudad de Alma humana, en ese cuerpo de barro que todo mundo mira en los espejos de sus casas, pero la gente ni siquiera se da cuenta o recuerdan que está allí dentro de ellos lo más valioso de Dios y por ende lo más valioso para nosotros, por eso enfatizamos en sus mentes lo bien que se ven con su cuerpo y sus caras y susurramos en sus mentes lo que ellas y ellos quieren oír, para sentirse bien consigo mismos, sin tomar en cuenta a Dios que los creó ni a la preciosa alma que hay dentro de ellos, pues es nuestro deber destruir ese valor, que Dios ha puesto dentro de ese cuerpo de barro, ese es nuestro único trabajo y objetivo que tenemos, tanto yo como Pecado, ángeles caídos y ahora millones de demonios que están de día y de noche sin descansar, pues nuestro amo Lucifer nos ha dicho que solo habrá descanso hasta que logremos confundir, persuadir y destruir a todo el género humano, pues el tiempo es corto, porque él sabe que pronto acontecerá una vez más la aparición del hijo del hombre en las nubes, para llevar a muchas almas a morar con Él en el cielo, pues aunque hemos distorsionado la imagen de Dios en los hombres, Él ha dado promesa de restaurar el alma herida a todo aquel que se acerca a Él con un verdadero corazón arrepentido, para formar parte de esos muchos que se llaman iglesia, a la cual Él viene a buscar. Él lo ha declarado en su palabra como promesa y Él siempre ha cumplido sus promesas.

Si la gente supiera con cuanto amor el Padre quiere sanar las heridas que hemos provocado en el alma humana, correrían hacia Él, pero nosotros no se lo permitimos, pues las almas son nuestras, hemos trabajado mucho para controlarlas, herirlas y maltratarlas y seguimos haciéndolo aún, tengo una cantidad innumerable de secuaces que quisiera que conozcas, pero no hay tanto tiempo así que solo te revelaré cuatro amigos que son armas con las cuales tengo entenebrecido el entendimiento del ser humano, y con las cuales he predominado en esta ciudad por miles de años, pero ya se está acercando el tiempo donde no podremos hacer nada, pues seremos derrotados por el Todopoderoso, lo sabemos porque está escrito en su palabra, en ese libro llamado Biblia, donde también se me desenmascara cruelmente pero la gente no lo sabe, pues no les damos tiempo para que puedan escudriñar ese libro jajajajaja. Mi amo Lucifer piensa que todavía va a ganar en lo que él llama la batalla final, pero bueno él puede pensar lo que quiera al fin y al cabo tiene libre albedrío. Ahora por favor permítanme presentarles a algunos de mis amigos con los cuales trabajo, tengo miles, pero quiero presentarle solo cuatro de ellos por favor que se presenten.

Amigos íntimos

Mi nombre es orgullo, seré breve en mi descripción pues no quiero aburrirte más de lo que ya te sientes jajajaja, quiero decirte algo que tienes que saber y estar claro, yo soy una muy buena emoción, tu libro llamado Biblia te dice que no tengas más alto concepto del que debas tener de ti mismo, y yo soy el que te doy ese balance de ti, para que te engrandezcas sobre los demás. Te hago sentir bien contigo mismo, es cierto a veces me paso, pero un poco nada más, entro a través de los ojos y susurro en las mentes, que no es justo que los demás me quieran hacer sentir menos; ese pensamiento lo provoco yo y luego les digo que tengo que levantarme y ser mejor y mayor que los demás, mucha gente me asocia con la soberbia y la arrogancia, aunque son mis hermanas gemelas y no puedo separarlas de mí, hemos trabajado con las personas que son víctimas de la inseguridad, complejos de inferioridad, y baja autoestima, muchos con amiguitos como estos se quedan en el suelo, no necesitamos hacerles daño más de lo que ya tienen pero a muchos si logramos levantarles el ánimo jajajajaja, de una manera que sobresalgan sobre los demás, les hacemos sentir anhelo por tener reconocimiento, distinción, y que sean alabados por la gente y nosotros alimentamos esos sentimientos de superioridad y la gente se la cree, los hacemos nuestras marionetas sin que ellos se den cuenta, claro! mira qué te parece cuando susurro en tu mente: "Que bonito cuerpo tengo". "Esta espectacular". "Que inteligente soy". "Que bueno que no soy como los demás". "Tengo mucho, pero quiero tener más". "No lo voy a perdonar", etc.

Con cosas como estas es que hago que la gente se sienta bien conmigo adentro, sean de cualquier clase social a todos les hago sentir que somos amigos, también mantengo un vocabulario de logros y éxitos cuando en realidad los tenemos derrotados, a veces les hago tener un espíritu de competencia y los hago sentir bien con eso, solo en ocasiones invito a mis amigos odio y rencor para lograr con creces mis intereses, aquí han llegado momentos que los he llevado a lo máximo, cuando logro que la gente sienta gozo y regocijo cuando ven a otros fracasados, y los hago que se resientan cuando ven a otros tener triunfos, como me siento tan feliz controlando las mentes de estos pobres mortales, somos parte de la ciudad de alma humana, mi patrón me ha incitado a hacer todo esto y lo hago con placer dominando al mundo entero, pero hay unos llamados cristianos con los cuales batallo un poco, pero de igual manera pongo mi influencia sobre ellos para que no tengan ningún galardón en el cielo, si acaso les permitimos que vayan jajajaja, pues si ellos son homenajeados en esta tierra no podrán ser recompensados cuando Dios entregue los galardones, a estos no logro controlarlos tanto como a los demás, pero hago lo que puedo para introducirme en sus mentes y tratar de todas las formas posibles que me crean hasta el punto que puedan ser retenidos el día que sean arrebatados por el Señor de señores.

Yo orgullo soy el que nací en Lucifer y traje la maldad a la existencia, por mí es que existe todo lo malo que puedas conocer y más, aunque Satanás ya se ha vuelto tan poderoso que ahora es mi patrón, pues él ha hecho que todo el mal que existe en alma humana se mantenga en completo control de esta hermosa ciudad, dando paso a los llamados demonios que a veces entran a su antojo en esta ciudad y toman el dominio sobre ella y hacen lo que quieren con esta ciudad, yo los poseo a todos y cuando ellos llegan a entrar sobre una ciudad de alma humana todos nosotros nos saboreamos más la victoria, pues ellos son fieros e implacables y como quiera estamos bajo sus mandos. Antes de despedirme solo tengo que recordarte que solo tengo un enemigo contra el cual no puedo pelear porque aunque soy poderoso nada puedo hacer contra él, solo de verlo me irrita y me hace sentir miserable y cobarde, pues ni la mano puedo levantar contra ella, con su sola mirada me consume y destroza todo lo que soy, no quiero revelártelo pero tengo que hacerlo por fuerza mayor, su nombre es "humildad" cuando la humildad entra en Alma humana pareciera que toda la ciudad está de fiesta, ventanas de paz se abren sobre ella, puertas de descanso invaden esta ciudad, la ciudad en su totalidad cambia, es indescriptible lo que la humildad puede hacer en esta hermosa ciudad, si tan solo el hombre pensara al respecto y le permitiera a esta hermosa virtud entrar en su corazón, entonces otro gallo nos cantaría. Humildad pareciera ser tan débil pero se vuelve tan poderosa cuando alguien la abraza con fuerza inexplicable, que no hay malos sentimientos o malas emociones que puedan mantenerse en pie, aun los mismos demonios gritan despavoridos de dolor, no hay palabras para explicar lo que este sentimiento puede hacer a aquellos que en verdad la anhelan. Necesitas experimentarlo por voluntad propia. Creo que es todo lo que te puedo decir de mí, te dije que sería breve.

Me llamo mentira, y yo hago mi aparición en el huerto del Edén, cuando mi padre, el amo, habló con Eva y le dijo: — ¿Conque Dios os ha dicho: "No comeréis de ningún árbol"? allí estaba yo, soy tan vieja como el hombre que fue y tan nueva como el hombre que nace, se me ha establecido un lugar en la ciudad de Alma humana por el patrón que gobierna esta hermosa ciudad. Trabajo en las mentes de las personas siempre, haciéndoles creer que las cosas son sencillas y que no hay problemas cuando me involucran en sus pláticas, empiezo desde la niñez usando a mi amigo el miedo para hacer que, desde temprana edad al hacer algo malo que no está aprobado por los padres, puedan ellos castigarlos con alguna disciplina, sea esta con vara o con castigo de no ver la televisión o salir con los amigos, el punto es que cuando se le pregunta al niño si hizo eso que estaba establecido no hacerlo, yo soy el que respondo en esas situaciones, tengo que hacerlo y muchas veces uso a mi amigo el Miedo otras veces uso a Conveniencia, pero siempre logro que todos me usen, a veces no me creen, como empiezo desde la temprana edad en todo ser humano; me he arraigado tanto a esta ciudad que me siento que soy parte de ella, me han abrazado todos desde los más intelectuales hasta los más analfabetas, todos me aman, y yo los amo porque me mantienen disfrutando de esta vida en la hermosa ciudad de Alma humana.

Para mí es importante que los demonios y todos los secuaces de mi amo continúen trabajando en todas las cosas que están haciendo sobre el calentamiento global, los programas de televisión, las modas, en las noticias, los shows por internet, las revistas, el chisme, la radio, en los trabajos y por todos lados por donde el hombre se mueve allí están ellos, y por ende yo me mantengo haciéndoles creer a las gentes que es cierto lo que se dice por todos estos medios de comunicación. Al patrón de la empresa le hago que me use para no pagarle al empleado o pagarle poco, al empleado lo hago que no trabaje mucho y que diga que si trabajó, a la vecina le digo que le hable a su vecina de lo que pasó en las noticias pero siempre altero la información, al novio lo hago que me use para quedar bien con la novia o viceversa, a tal punto que hagan cosas que no están bien, ah y como caen estas chicas, son tan débiles las jóvenes, ah pero como me divierto con la juventud, también estoy en los matrimonios y trabajo con el esposo y con la esposa y viceversa, a través de la ventaja y la conveniencia propia he logrado mucho poder de persuasión en las personas, tanto que piensan ellos mismos que siendo yo la mentira, me tratan como si fuera verdad, ¿pueden creer eso?, hay personas que se creen muy éticas e íntegras en sus trabajos o con sus familias, pero siempre logro que me usen en algún momento, nadie en este mundo puede decir que no me ha usado, he logrado mi objetivo, tanto así que a lo bueno lo llaman malo y a lo malo llaman bueno ¿qué les parece? ¿seré exitosa? dígame usted! Por mi han sido aprobadas leyes que van en contra de la moral misma, solo les voy a dar un ejemplo: los estudios científicos, según los científicos han demostrado que la homosexualidad es por causa de los genes o la testosterona, algo que he logrado que sea verdad, aunque es una vil mentira, y a través de esta mentira he logrado que les tengan sus derechos en la sociedad, y puedan pelear esos derechos y tienen a un mayor número de personas en el mundo apoyándolos o sea, apoyando esta mentira o sea a mí, yo soy el que ha logrado todo y esto es solo un ejemplo de cómo yo reino sobre este mundo, los homosexuales no pueden matar su conciencia en su totalidad, por eso ellos aunque muestren una cara bonita y sonriente delante de todos, en su corazón saben que es mentira lo que la ciencia dice, porque no pueden engañar a sus conciencias, que cada noche o en los momentos de soledad se los está recordando ¿en qué posición están delante de Dios? pueden engañar a todo el mundo pero a Dios y a sus conciencias nunca podrán, tenía que decirlo no puedo quedarme callada, como Mentira hago mi trabajo y lo seguiré haciendo pues tenemos un objetivo, mientras la gente siga creyendo en mí. (Estamos conscientes de esta palabra y respetamos profundamente a todo ser humano, sea homosexual, bisexual y heterosexual).

Te puedo dar otro ejemplo y hablarte del aborto, y de muchas leyes que se están escribiendo apoyando mi trabajo, pero creo que es suficiente, no me ha tocado reír pero creo que me reiré de todo el mal que he logrado. Por mí, matrimonios se han divorciado, por mí, niños han sido violados, por mí jovencitas han sido secuestradas, claro trabajo con mis amigos la Lujuria y Perversión pero siempre, yo soy la que entro primero al acecho, por mí la gente ha cometido suicidio y asesinato, por mí es que muchos van a ir al infierno, que por cierto también les digo que no existe, que el infierno está sobre la tierra, si supieran la verdad ¡ups! ¡Lo dije! el infierno es real, más real que lo que tus ojos naturales pueden ver, así es de real ese lugar de tormentos inigualables, es raro para mí que siendo Mentira te esté hablando esta verdad, y la verdad es que no me queda de otra, tengo que hacerlo por fuerza mayor, espero que lo entiendas, y no solo eso, también tengo que decirte que tengo un enemigo y es precisamente ella: La Verdad. No sé cómo describirla pues, aunque es mi enemigo, siempre ha sido un misterio para mí, como es que ella trabaja con las personas haciéndolas completamente libres de mí, y no solo de mí, sino de cualquier intruso que hubiese entrado a perturbar y confundir a esta hermosa ciudad. Cuando las personas empiezan a leer ese libro llamado Biblia, se van a dar cuenta que allí también se habla de mí y como me desenmascara, como cuando fui como espíritu de mentira en la boca de los profetas. Se recuerdan en 1 Reyes 22:22, al igual que a los demás secuaces amigos nuestros, por eso, si la gente leyera ese libro se darán cuenta que su principal protagonista es ella "la Verdad", cuando la gente empieza a escudriñar ese libro con anhelo y reverencia, empiezo a ser desalojada de las mentes de las personas, es como una luz que va iluminando poco a poco aquella hermosa ciudad, creada por el Padre de tal manera que, cuando la gente hace suya en verdad la palabra escrita en ese libro, no solo alumbra la ciudad de Alma humana sino que, el resplandor que está en ella sobresale más allá de los linderos de esa hermosa ciudad y puede iluminar también a otras ciudades como ella que están en tinieblas, es tan poderoso lo que la Verdad hace que, esa ciudad no solo puede influenciar solo a una, sino a muchas ciudades cautivas por mi patrón el Pecado. Si los mortales entendieran esta verdad que te estoy mencionando, leyeran y meditaran en ese libro de día y de noche, no quiero seguir hablando solo quiero mencionarte que las religiones de este mundo utilizan las verdades relativas, y toda verdad relativa está relacionada a un determinado tiempo, o sea lo que es verdad ahora, pasado los años ya no puede ser verdad, o lo que para alguien algo es una verdad, para otros no lo es, esto se llama relativismo, algo que, yo como Mentira he provocado, para que se crea en él, pero la Verdad que está en ese libro llamado Biblia es una **verdad absoluta,** o sea que no cambia, ni nunca cambiará; ayer (Tiempo antiguo fue verdad) hoy (Tiempo presente es verdad) y mañana (Tiempo futuro seguirá siendo verdad) Por eso el Creador dijo: "El cielo y la tierra pasarán, pero mis palabras no pasarán".

Hola me llamo Engaño, aunque mi nombre no es importante, pero si es importante lo que hago, pues es mi trabajo y es único, a lo mismo que mis compañeros nos hemos propuesto no solo acabar con la santidad de los llamados cristianos, sino engañarlos con la infinidad de mantener cautiva la hermosa ciudad de Alma humana. Mi trabajo es en la mente, a través de todos los medios de información incluyendo a los llamados pastores y evangelistas cristianos, y muchos de los que se dicen llamar apóstoles y no lo son jajajajaja, o profetas y no lo son jajajaja, he trabajado tanto que no me dejan descansar.

He logrado casi la totalidad de mi trabajo en la mayoría de los cristianos, he sido tan eficaz que me han dado galardones y galardones en el inframundo, casi en cada reunión en el segundo cielo y en los diferentes templos que son como ciudades en la India, uno de los principales, en el Triángulo de las Bermudas y en el subterráneo de Inglaterra, ha! también en California, casi no hay reunión donde no reciba medallas de reconocimiento y muchos pero muchos aplausos, y hay una sola razón por la que he tenido tanto éxito, porque aunque sé que hemos levantado tantas sectas e iglesias "cristianas" por mi trabajo y en mi honor. La razón principal es que los cristianos no leen ese libro llamado Biblia con todo su corazón, ellos no saben que para entender y conocer la verdad de ese libro tiene que leerse con un deseo ardiente del corazón por conocer la verdad, no saben que necesitan un espíritu apacible deseoso de que esa palabra entre en sus corazones, ellos no saben y se dan por vencidos cuando empiezan a leerla, pues allí estoy yo, susurrando en su cabecita que con lo poco que leyó es suficiente, les doy palmaditas en la espalda y les digo: "basta, tomate un descanso, sal a caminar, ve al gimnasio, hoy va a salir un partido muy bueno o una buena película en el cine" a algunos les digo "tú ya sabes eso, no necesitas leer mucho o meditar en eso" etcétera y siguen sin revelación ni entendimiento, se olvidan completamente que su padre les ha repetido una y otra vez que mediten y mediten y que sigan meditando de día y de noche en su palabra, ellos piensan que con solo leerla ya es suficiente, yo hago que pronto se les olvide, como cuando se miran en el espejo por las mañanas y luego salen a sus trabajos y se les olvida como son, así hago con la palabra, cuando la leen o la escuchan hago que se olviden rápidamente de ella, engañándolos a ellos mismos jajajaja y trato de que se sientan bien con ellos mismos, haciéndoles pensar que están bien jajajaja. Yo soy el que reina en este mundo y aunque en ese libro llamado Biblia se me menciona más de cien veces, a mí más que a ningún otro de mis compinches, sigo siendo el más ignorado por todos, pues es así como logro mis objetivos.

A los pastores los engaño, haciéndoles pensar que si no fluye el poder de Dios en sus vidas para sanidad o para que Dios les dé revelación de la condición de la iglesia que ellos pastorean, les digo que todo está bien, que no se preocupen, que Dios sabe todo, y él sabe cómo hacer las cosas en su iglesia, si supieran la gran responsabilidad que tienen delante de su Padre, por pastorear un rebaño y el precio que tienen que pagar, doblando sus rodillas para que Dios les revele la condición espiritual de la iglesia, ellos, los pastores, la mayoría ni piensan en nosotros, de cómo controlamos a la llamada iglesia de Dios, piensan que, con predicar la palabra es todo jajajaja, y nosotros jugando con los feligreses para que se mantengan sin poder alguno jajajaja, les digo que si no escuchan la voz del Espíritu Santo, que no se preocupen "la gente con que se entreguen a Cristo es todo", Dios hará el resto, es cierto tienen escuelas de discipulado o alguna forma de discipulado pero no se les enseña a como orar y ser bautizado con el Espíritu Santo y caminar en el poder de Él, no se les enseña la palabra en Espíritu de revelación para entender cuál es el llamado que cada persona tiene de parte de Dios, y cuál es la supereminente grandeza de su poder, para los que creen, según la operación que operó en Cristo resucitándole de los muertos, según les dijo Dios a través del apóstol Pablo en Efesios 1:15–23.

El mandato fue la gran comisión y fue de hacer discípulos y la palabra discípulo conlleva muerte así mismo, o sea al "yo" o sea "sentimientos y emociones" como logró no solo, mantener en completa derrota a la ciudad sino que, también logró conflictos en los líderes cristianos, con respecto de este tema "carnal" y "espiritual" con esto hago que se olviden de esa palabra "discípulo" y que no les importe si dan o no, frutos dignos de arrepentimiento, les digo que todo está bien, "que Dios es el que hace la obra" jajajaja los mantengo sin revelación, sin sensibilidad a la voz del Espíritu Santo, sin entender los tiempos que están viviendo jajajajaja, yo soy el que hago todo esto, hay veces que mi voz la confunden con la del Espíritu Santo jajajaja a muchos los engaño con las riquezas y con un falso poder personal, es más les digo: que ellos son capaces de lograr las cosas por sí solos, "ustedes son capaces; Dios te dio las capacidades para hacerlo, ya tienes el conocimiento" jajajajaja. Si ellos supieran o entendieran el poder que emana de esa palabra que su Padre les dejó, yo no podría lograr mucho de lo que he logrado hasta ahora, solo el pensar que esto pudiera suceder, que los pastores tomaran en serio el trabajo que hacen para el Todopoderoso, todo mi ser tiembla de pies a cabeza y me siento frustrado, no quiero ni pensarlo y mucho menos mencionarlo, pero tengo que hacerlo. ¡¡¡Aaah!!!

Sobre la gente natural que no conoce a su Dios los mantengo tranquilos haciéndoles pensar que todo está bien que como ellos están con sus pecados y su ignorancia están bien, no se los digo así tan directo pero así los mantengo, pues claro, me llamo Engaño y nunca hablo tan directo, siempre cambio las palabras unas por otras, soy un campeón en el arte de cambiar las palabras en las mentes de todo ser humano y trabajo con los sentimientos y las emociones de las personas muy de cerca, a la mayoría las convenzo de que soy verdad y muy fácilmente a través de los sentimientos y de sus emociones logro convencerlas. He mandado a muchos al infierno porque son "buenos" les susurro en las mentes: "yo no soy malo, yo no le hago mal a nadie, yo no uso drogas, y tomo de vez en cuando una cervecita" y a otros es más, ni tomo cerveza, ni me gusta siquiera, no saben que el que hagan esas cosa no los hace ser pecadores, porque el pecado ya está en ellos desde que nacen, son una raza caída jajajaja ellos no sabe que necesitan de un salvador para que los salve de la condenación que fue dada al diablo y a sus ángeles por haberse rebelado contra Dios y que ellos mismos fueron los que hicieron que el hombre se rebelara contra Dios, engañando a la humanidad y trayendo así la maldición de condenación eterna, por eso es que necesitan un salvador.

Las personas son tan dadas a todas estas cosas que la ciudad de Alma Humana me ha acogido tanto que siento que me aman jajajajaja, aunque nosotros no podemos sentir amor porque no se nos ha permitido conocerlo, somos anti amor y eso nos da una gran ventaja sobre la ciudad de Alma Humana, somos muchos los que trabajamos para mantener a esta ciudad sin luz o sin conocimiento de su Creador.

Muchos nos llaman "maldad" pero en realidad somos una "naturaleza pecaminosa" o sea que somos parte del pecado que está en Alma humana, nacimos y somos uno con el pecado que está en el hombre y trabajamos en conjunto con Lucifer, el rey de la maldad y todos sus espíritus malos, puedo hablarte de varias razones por la cual tengo tanto éxito, pero si tan solo pones atención a la razón principal de la que te hable no tienes que buscar más. La palabra de Dios es todo lo que necesitas y claro está, necesitas juntarte con personas que conozcan también esa palabra y su poder, porque si solo conocen la palabra y no conocen su poder es porque están en mis manos, así pasa y ha pasado desde que nuestro amo usó a la serpiente y platicó con Eva en el jardín del Edén, a través de mi amiga la Mentira me introduje a Eva y la convencimos que lo que mi amo le decía era verdad, luego ella le dijo a Dios "La serpiente me engañó" ¡ay sí! como si no le hubiera gustado lo que le hice sentir en su Alma, le hice sentir que con las palabras de mi amo esta ciudad sería grande en extremo y que nadie podría más gobernarnos seríamos soberanos y tendríamos libertad absoluta de decidir qué es lo que queremos, allí fue donde empezó toda mi trayectoria hasta el día de hoy. Y lo seguiré haciendo mientras el soberano y todopoderoso no venga por ese grupo que se llama "su Iglesia" y se la lleve de esta tierra, a la verdad ya es muy poca la verdadera iglesia que queda, aunque muchos dicen que está creciendo pero en realidad somos nosotros y es mi trabajo el que está haciendo que las llamadas iglesias de Cristo crezcan en número de personas, pero se enfríen de amor, muchas de las iglesias de las más grandes del mundo especialmente en Estados Unidos de Norte América me pertenecen.

Hay una palabra que está corriendo por toda la tierra y es que el Todopoderoso está trayendo un último avivamiento, que está salvando a mucha gente, aun a muchos de nuestros amigos que están, no solo gobernados por nosotros sino gobernados por el príncipe de las tinieblas, o sea son siervos humanos de Lucifer que trabajaban en puestos importantes en el reino de las tinieblas para seducir y hacer caer a los siervos de Dios en África y en muchos lugares de este mundo, muchos de ellos Dios nos los ha arrebatado y los ha salvado y limpiado por el poder de la sangre del Cordero. (Por el sacrifico de Cristo en la cruz) Se han visto varias bajas muy importantes en nuestro campamento, pero tenemos un plan que acabará con todo esto y eso, si no te lo puedo revelar jajajaja solo una cosa si tengo que decirte y es que, sin lugar a dudas, su Cristo está a punto de aparecer en las nubes para llevarse a su poca iglesia que le queda, mi amo está esperando este acontecimiento hace casi veinte años, solo te lo digo para que te imagines o te des una idea de cómo está el tiempo de corto para la venida del Cristo. Ya no hablo más porque no quiero espantarte dándote a conocer todo mi trabajo, solo te he dado algunas referencias para que no te olvides de mí. Recuerda siempre que con lo único que puedo ser detenido, es a través no solo del conocimiento de la verdad, sino de la vivencia de esa verdad, tienes que vivir en verdad, y practicar la verdad, pues es la única manera de detener mi actuación en ti.

Hola, me llamo Miedo: Soy la cuarta en presentarme y tengo miedo, es mi naturaleza tener y hacer sentir miedo, se dice que somos los pilares que sostenemos al mismo infierno, pero es mentira, solo es un decir por el éxito que hemos tenido en la Hermosa ciudad de Alma Humana, y como ya vieron soy un poco tímida, no me gusta hablar mucho, pero siento satisfacción cuando alguien me toma en cuenta, así como Adán en el huerto del Edén cuando mi patrón, el pecado entró en él, allí nací yo. Adán mencionó mi nombre al Padre todopoderoso eterno y no hay quien se le iguale, Él es Dios. Cuando el Padre le preguntó a Adán que donde estaba el. Adán dijo "Oí tu voz en el huerto, y tuve miedo, porque estaba desnudo; ¡¡y me escondí" jajajaja!! Si ustedes se dieran cuenta, trabajo con el alta y baja estima, más con la baja estima. ¿A qué me refiero?; que al verse ellos desnudos les quité el valor que Dios había puesto en cada uno para que al verse se sintieran avergonzados, y esto hizo que yo pudiera nacer, cuando ellos sintieron culpa hacia su creador por lo que habían hecho, ellos habían desobedecido el mandamiento del Padre, esto es lo que hago, quito la seguridad que pueda haber en esta hermosa ciudad de Alma Humana y me pongo yo en su lugar, les aseguro que todo va a estar bien, pero a la hora de enfrentar las cosas que tienen que enfrentar en esta vida, lo hacen conmigo adentro, empiezo desde la niñez y luego sigo con adolescentes, con los jóvenes y con los adultos, trato de tomar toda una vida completa desde que nacen, yo nazco con ellos y me desarrollo según van siendo formados por los tutores, allí es que sobresalgo para que no puedan enfrentar la vida con una verdadera responsabilidad y un verdadero compromiso, aunque les aseguro que todo va a estar bien, hago todo lo contrario formo todo un monstruo de inseguridad.

Alguien dijo por allí: "la vida no es Fácil", eso es exactamente lo que yo hago, que la vida no sea fácil para nadie, por eso muchos se suicidan, no es porque lo decidieron así "no", es porque me interpuse yo como miedo en su camino, miedo al qué dirán, miedo al no poder lograr una vida efectiva o un matrimonio feliz, cuando la gente está en fracaso es por mi culpa, fracaso a triunfar en un negocio, fracaso a ser mejores como trabajadores como hijos como hermanos o como amigos, aun en esto estoy yo allí, sobresalgo yo en ciudad de Alma Humana haciéndoles pensar que no saben hablar, que ellos son muy poca cosa entre los demás, les he robado totalmente sus valores, no se dan cuenta que como personas y con Alma Humana dentro de ellos son como cualquier otro mortal, en realidad cada persona tiene los mismos valores no importa si es rico o si es pobre, si es estudiado o no es estudiado, si es gordo o flaco, si es de piel morena o si es piel blanca, todos son iguales en este mundo, no hay mayor ni menor, la mayoría de ellos no entiende esto y eso se debe a que desde siempre hemos existido nosotros para que la humanidad no alcance el propósito para el cual fue creada. Mis compinches; la Mentira, el Orgullo y el Engaño, trabajan para que yo junto con ellos nos mantengamos en la cima por sobre los cientos de sentimientos distorsionados que hay en la bella ciudad de Alma Humana, los hemos llevado a verse unos más grandes que otros, a que unos pisoteen a los otros a que se ensañen y se burlen de los demás y al mismo tiempo a mantener cautiva esta ciudad por toda una vida. He logrado que unos sientan coraje en unas cosas, pero en otras mis temores los acobijan, y todo el propósito es mantener en completo cautiverio a esta bella ciudad de Alma Humana. Los hago que ellos mismos se menosprecien, porque los paralizo, para que no puedan hacer nada.

Aunque muchos no quieran reconocerlo ellos saben y están conscientes que en algún grado me llevan por dentro, y hasta muchos me han declarado como que soy bueno, porque eso hace que le dé un verdadero sentido a la bella ciudad, ellos lo dicen así: "También es de hombres tener miedo" me han acomodado tanto y les he caído tan bien que me han dado un lugar muy especial en la ciudad, me hacen sentir especial, no se dan cuenta que soy una emoción destructiva y que solo un verdadero encuentro con el Rey de reyes, puede sacarme de esta tan hermosa ciudad, estoy tan consiente que cuando alguien entrega por completo la ciudad de Alma Humana al todopoderoso y le permite que Él le dé la identidad que le dio desde el principio, todos seremos desalojados, no quiero decírtelo pero ese ha sido nuestro trabajo desde que nacimos, robar por completo la identidad que el eterno dio al ser humano cuando lo creó, ellos no saben ni se imaginan siquiera quienes son en realidad, si lo supieran serían un gran peligro para nuestro amo Lucifer.

Por esto Lucifer está empeñado que trabajemos día y noche sin descansar para que el objetivo de que no alcancen a saber quiénes son o quién es el Dios que los creó y con qué propósito, no se lleve a cabo en esta bella ciudad, ellos no entienden que son el especial tesoro de Dios, y que Él les ha dado promesas grandes, para que puedan lograr lo que se propongan en su nombre y para su gloria, pues no se dan a la tarea o más bien no los dejamos que se den a la tarea de leer esas promesas que están en ese libro llamado Biblia, y mucho menos a creerlo, allí el Todopoderoso dejó las promesas bien claras, para que el hombre alcance la plenitud de lo que debe ser en Dios, algo que los mismos ángeles del Todopoderoso anhelan mirar que se cumpla en cada ciudad de Alma Humana y por lo cual también ellos pelean con nuestros cómplices, los demonios.

Mejor no sigo hablando porque me puedo meter en problemas y tengo miedo, es mi naturaleza recuerdas, solo tengo que decirte una cosa más, ¡obligatorio! Recuerda que Cristo ya murió por ti y ese es el precio que Él pagó, para que tú puedas recuperar tu identidad y alcanzar tu plenitud en Él, y esto se logra a través de la Fe en ese sacrificio bendito, tu identidad se encuentra en Él, en nadie más, te dejo el consejo, ahí tú verás que haces con él.

Pecado

Como ustedes verán, estos son algunos de mis amigos, y me he dado a conocer a ustedes abiertamente, porque sé que aunque muchos tengan este conocimiento no van a hacer nada al respecto, podrán saber algo al respecto pero seguirán con sus vidas infértiles, y eso pasa porque no alcanzan a entender la verdad de lo que les he revelado, así mismo pasó con muchos "cristianos" que saben muchas cosas de la Biblia pero no las entienden, y lo que no se entiende no se puede vivir en su totalidad. El tiempo de que su Señor venga por sus redimidos se ha acercado y hemos doblado nuestros esfuerzos por mantener a todos los llamados cristianos con el entendimiento cegado, aunque si, reconozco que hay muchos que nos hacen la vida imposible hombres y mujeres que oran en serio, que trabajan para su Señor en serio, y son esos cristianos que oran y tocan el corazón del Padre y el Padre les revela nuestras intenciones. Oh sí, ellos son muy fuertes en su Señor, y su Dios los bendice grandemente, ellos tienen signos a su alrededor o es como fuego que los rodea, no podemos acercarnos mucho a ellos porque somos consumidos. Pero la mayoría están desnudos, no hay cobertura sobre ellos y podemos hacer con ellos lo que queramos, todo esto pasa en el plano espiritual y creo que es por lo mismo, que todo se lleva a cabo en el plano espiritual que no pueden contra nosotros, pues son muy cómodos, cobardes, y hasta cierto punto holgazanes de escudriñar la palabra de Dios con verdadera oración, solo así recibirán revelación del plano espiritual donde nosotros nos movemos, aunque nos hacemos visibles a través de las actitudes de las personas, pero no nos hacen nada, pues es algo ya muy natural en todos jajajajaja, hasta aquí parte de lo que te puedo decir.

¿Quien es Dios?

.... ¿Qué les responderé? Y respondió Dios a Moisés: YO SOY EL QUE SOY.

Todos nos hacemos esta pregunta más de una vez en la vida; ¿Quién es Dios? Nos intriga saber quiénes Dios, a unos desde que estamos en una corta edad, a otros a una edad ya más avanzada, pero todos de alguna manera o en algún determinado tiempo queremos saber quién es Dios. Creo que esto nos pasa porque hay algo dentro de nosotros que sabemos muy profundamente, no solo que existe un Dios que es poderoso, sino que allí mismo en lo más profundo de nuestro ser sabemos que venimos de Él. Echemos un vistazo a la Biblia, que es la revelación de Dios mismo y caminemos juntos sobre las enseñanzas de esta hermosa Palabra que Dios mismo nos dejó para que le conozcamos.

Se había llegado el tiempo para Dios seguir cumpliendo su promesa hecha a Abraham; Gn 15:13-21 para liberar a su pueblo y llevarlo a la tierra que le había prometido, Dios había puesto los ojos en Moisés. Para este tiempo ya habían pasado muchas cosas en la vida de Moisés en Egipto, una de ellas era el haber asesinado a un Egipcio, hecho, por el cual tuvo que huir de Egipto y Dios de alguna manera tomo esta ocasión para prepararlo, sin saber Moisés que el Señor le tenía una tarea para que el llevara a cabo, no hablaremos con detalle de esto porque nuestro enfoque es otro, pero dice la Palabra de Dios en Ex 3:1-5, que estando Moisés en el monte Horeb, cuidando las ovejas de su suegro Jetro se le aparece el ángel del Señor y le habla, Moisés ya casado y viviendo con su suegro Jetro, Dios lo visita a través de una Zarza que estaba encendida en fuego y no se consumía, eso llamo la atención de Moisés que se acercó para ver porque no se consumía, de repente escucha una voz que lo llamo, era el Ángel del Señor mismo que lo estaba llamando, así empieza una plática entre Moisés y Dios. Primero; Dios lo llama para ir y liberar a su pueblo de la opresión egipcia, lo segundo que le dice Dios a Moisés después de decirle que quitara el calzado de sus pies v5, en el v6 Dios le dice: Yo soy el Dios de tu padre, Dios de Abraham, Dios de Isaac, y Dios de Jacob. Esta introducción que hace Dios de sí mismo para con Moisés, refleja una familiaridad ya formada con los ancestros de Moisés, y creo que eso Dios estaba tratando de dejarle saber a Moisés.

Ahora, Moisés empieza una plática con Dios y al principio Moisés trato de excusarse, pero después ya no dijo nada, solo hizo la pregunta clave por la cual estamos escribiendo este capítulo; Moisés le Dice a Dios: He aquí que llego a los hijos de Israel, y les digo: El Dios de vuestros Padres me ha enviado a vosotros. Si ellos me preguntaren: ¿Cuál es su nombre?, ¿Que les responderé? Pongamos atención en la respuesta de Dios a Moisés: YO SOY EL QUE SOY. Y dijo: Así dirás a los hijos de Israel: YO SOY me envió a vosotros. Y nosotros nos preguntamos: ¿Que nombre es ese?

Moisés le pide instrucciones para llevar a cabo su comisión y desea saber con qué nombre quiere Dios darse a conocer ahora.

Moisés supone que los hijos de Israel le preguntaran: ¿Cuál es su nombre? Y creo que esto lo harán, porque en realidad, lo que iban a preguntar era: 1- ¿Cuáles son sus hechos renombrados para que escuchemos el mensaje que nos traes de su parte? recordemos que eran ya 400 años de cautiverio Babilónico. 2- Moisés desea instrucciones para saber que contestación les va a dar: ¿Que les responderé? ¿Qué pruebas les daré de tu parte y de mi autoridad? Y Dios les da dos nombres por los cuales quiere ser conocido:

1- Por un nombre que denota lo que es en sí mismo (v. 14) YO SOY EL QUE SOY. Este es el equivalente de Jehová o Yaweh y significa: SEÑOR con mayúsculas y en hebreo se escribe Yahweh y se traduce "YO soy".

a) Yo soy el inefable. Conocer el nombre es en la mentalidad semítica, poseer o dominar la casa o la persona nombrada. Pero Dios no se deja dominar o manipular; es infinitamente libre y soberano.

b) Yo soy el que existe por sí mismo; tiene en si la razón y fuente de su propio ser, y no depende de ningún modo de ningún otro ser. Al existir por sí mismo es autosuficiente; más aún, todo suficiente; la fuente inexhausta de todo ser y de toda felicidad.

c) Yo soy eterno e inmutable. Como no puede cambiar, es siempre de fiar, porque no puede volverse atrás. Él es el siempre. Que Israel sepa esto: EL YO SOY me ha enviado a vosotros.

Dicho en otras palabras "YO soy El Omnisciente, Omnipresente y Omnipotente" conocer a Dios en conciencia y convicción de estas, sus palabras: "YO SOY EL QUE SOY" Creo que es estar pleno, lleno de vida, salud emocional y mental, seguro de sí mismo, realizado en la vida que se vive en este mundo pasajero, conscientes de que somos s eternos en servicio para El, pero que más nos dice Dios en su hermosa Palabra.

Dios se les dio a conocer por este nombre que denota lo que Él es para su pueblo: El Dios de vuestros padres…me ha enviado a vosotros (v 15). Así se había dado Dios a conocer todo el tiempo atrás a sus padres, Dios de Abraham, Dios Isaac, y Dios de Jacob (v. 6), y así se les debía el dar a conocer a los israelitas el nombre de su Dios:

a) Para hacer revivir entre ellos La religión de sus padres.

b) Para que tengan segura esperanza en la realización de las promesas hechas a sus padres.

Ahora según la versión Reina Valera, Dios le daría otro nombre que sería solo para Israel:

Éxodo 3:15 Además dijo Dios a Moisés: Así dirás a los hijos de Israel: Jehová, el Dios de vuestros padres, el Dios de Abraham, Dios de Isaac y Dios de Jacob me ha enviado a vosotros. (Y luego enfatiza) Este es mi nombre para siempre; con el se me recordara por todos los siglos.

¿Porque todos los pueblos Antiguos que menciona la Biblia, y aun en este tiempo cuando se escucha el nombre "Jehová" todos reconocen que es el Dios de Israel?

Hay una razón; En el antiguo tiempo todos los pueblos y naciones se distinguían por el nombre de algún dios; ejemplo uno de los principales dioses de los filisteos era Dagon que de la cintura para arriba era humano y de la cintura para abajo era en forma de pez, traducido de raíz semítica como 'dag= pececito' y así podemos nombrar varios identificando los pueblos o naciones enemigas de Israel

El nombre "Jehová que ha sido traducido del tetragrámaton "יהוה" y ha sido dado para Israel. Ya nosotros como cristianos entendemos y sabemos que es el Dios de Israel, nuestro Dios también.

APRENDIENDO DEL TETRAGRAMATON

Tetragrámaton (en griego antiguo: Τετραγράμματον [tetragrámmaton]; en latín: Tetragrammaton) es la combinación de cuatro letras hebreas יהוה transliterada como YHVH o YHWH que la Biblia hebrea emplea como nombre propio del Dios único de judíos, samaritanos y cristianos.2

Las cuatro letras del vocablo, leídas de derecha a izquierda, son yód (י), he (ה), vav (ו) y he (ה). Si bien no hay consenso sobre la estructura y la etimología del nombre, para transcribir el Tetragrámaton en español se recomienda y se le da preferencia a la forma Yavé; su variante Yaveh no es errónea, pero se escribe sin tilde (por ser aguda terminada en hache).3 La forma Yahveh Nota 1 o Yahweh Nota 2 está aceptada en la actualidad como la pronunciación original del Tetragrámaton,45 siendo su versión alterna Yahwoh678 [Yahû/Yahô]Nota 3 [Yahōh]Nota 4 o Yahwah.Nota 5 Anteriormente en los medios cristianos desde fines de la Edad Media hasta el siglo XIX se empleó la pronunciación latinizada Jehovah, ya abandonada por los eruditos,9 pero siendo la más extendida y de mayor uso. (Wikipedia)

ACERCANDONOS AL DIOS DE ISRAEL

9 Mas no habrá siempre oscuridad para la que está ahora en angustia, tal como la aflicción que le vino en el tiempo en que livianamente tocaron la primera vez a la tierra de Zabulón y a la tierra de Neftalí; pues al fin llenará de gloria el camino del mar, de aquel lado del Jordán, en Galilea de los gentiles.

En este versículo encontramos una profecía muy grande para los que no éramos pueblo de Dios, pero que venimos a ser pueblo de Dios. Dios se revelo en el Antiguo Testamento a un hombre llamado Abraham al cual, El escogió para que de su descendencia saliera un pueblo y nación llamada Israel, de donde viene la afirmación " Dios de Abraham, Dios de Isaac y Dios de Jacob (Israel) y es por demás decir que este nombré "Israel" viene dado directamente de la boca de Dios, cuando Jacob pelea con un ángel (Gn 32:22-30), donde al rayar el alba se le cambia el nombre de Jacob por Israel viniendo a ser más adelante la nación de Israel, y que a través de esta nación según la profecía en Isaías 9:6 Dios vendría para darse a conocer a este mundo que se encontraba en tinieblas (Ignorancia) como la Luz que venía a este mundo para disipar toda tiniebla, para disipar toda ignorancia y que este mundo pudiera conocer a Dios, cuando hablamos de tinieblas, estamos hablando de ignorancia ya que el diccionario de la real academia Española define; tinieblas como falta de luz, suma ignorancia y confusión, y luego añade: "por falta de conocimientos" especificando que existen las tinieblas porque no hay conocimiento, entonces terminamos esto diciendo; que cuando no se conoce a Jesús (La Luz) hay tinieblas en las personas.

Es difícil creer o entender que en una persona existen tinieblas por falta del conocimiento de Jesús. Pero ¿A que nos referimos cuando hablamos de conocer a Jesús? La Biblia es la Palabra que Dios nos dejó para conocerlo, y en ella podemos ver palabras y frases muy sencillas y entendibles para la mente humana, y aun se puede "entender" con sencilles cuando la leemos, y en realidad es así, solo, que aunque es sencilla y entendible es indispensable pasar tiempo con Dios en Oración, cuando leemos la Biblia, solo que hay una conexión indispensable en este caso, y es que no podemos separar la oración de la lectura de la Palabra de Dios, y viceversa cuando leemos la Palabra de Dios, es bueno que al ir leyendo meditemos en lo que estamos leyendo, algo así como orando al respecto de lo que estamos leyendo, pero no dejar de tomar un tiempo para estar como común mente se le llama; para estar en la presencia de Dios en oración. No podemos ser hombres o mujeres de lectura y no ser hombres o mujeres de oración, no hay un crecimiento integral en una persona que se llama hijo de Dios, la Palabra de Dios fue dada por un Dios que no vemos, o sea, un ser espiritual, por ende, la Palabra de Dios aunque es sencilla es cien por ciento espiritual, todo lo que se nos habla en la Palabra de nuestro Dios esta en el plano completamente espiritual, y si bien esta en el plano espiritual creo que es necesario que nosotros comprendamos un poco acerca del plano espiritual donde habita Dios y de donde Dios también nos habla con voz audible. Ya que la Palabra de Dios es espiritual es necesario preparar todo nuestro ser emocional, mental y espiritualmente. Si verdaderamente queremos conocer a Dios es necesario ver algunas condiciones necesarias y de vital importancia para la lectura efectiva de la Palabra de Dios.

Veamos lo que dice E. Lund y A. Luce en su libro de Hermenéutica Bíblica, hablando de las disposiciones necesarias para el estudio provechoso de las sagradas Escrituras;

1- Se necesita un espíritu respetuoso, porque, por ejemplo, un hijo irrespetuoso, ligero y frívolo, ¿Qué caso hará de los consejos, palabras y avisos de su padre? La Biblia es la REVELACION del Omnipotente, es el milagro permanente de la soberana gracia de Dios, es código divino por el cual seremos juzgados en el supremo día, es el testamento sellado con la sangre de Cristo. Pero, con todo y ante tal maravilla, el hombre irreverente se hallará como el ciego ante los sublimes Alpes de Suiza, o peor aún; tal vez como el insensato que hecha todo sobre un monumento artístico que admira todo el mundo. He aquí en que espíritu, a la vez reverente y humilde, contemplaban la Palabra de Dios los primitivos cristianos. "Damos gracias a Dios sin cesar—Dice Pablo, -- de habiendo recibido la Palabra de Dios que oísteis de nosotros, recibisteis, no palabra de hombre, sino según en verdad la Palabra de Dios, el cual obra en vosotros que creísteis. Recíbase así la Escritura, con todo respeto. Y como dice Jehová: "A aquel mirare que es pobre y humilde de espíritu y que tiembla a mi Palabra." Estúdiese en tal sentimiento de humildad y reverencia, y se descubrirán, como dice el Salmista, "Maravillas en su ley." (1Tes. 2:13, Is 66:2, Salmo 119:18)

2- Se necesita un espíritu dócil para un estudio provechoso y una comprensión recta de la Escritura, pues, ¿Qué se aprenderá en cualquier estudio si falta la docilidad? A la persona obstinada y terca que intenta estudiar la Biblia, le pasara lo que dice Pablo del "hombre animal." "Mas el hombre animal no percibe las cosas que son del Espíritu de Dios, porque le son locura: y no las puede entender, porque se han de examinar espiritualmente." Sacrifíquese, pues, las preocupaciones, las opiniones preconcebidas e ideas favoritas y empréndase el estudio en el espíritu de dócil discípulo y tómese por Maestro a Cristo, debe tenerse siempre presente que la oscuridad y aparente contradicción que se pudieran encontrar no reside en el Maestro ni en su infalible libro de texto, sino en el corto alcance del discípulo. "Si el evangelio esta aun encubierto – dice el Apóstol, -- entre los que se pierden esta encubierto, en los cuales el dios de este siglo cegó el entendimiento." Pero el discípulo humilde y dócil que abandonando a ese maestro que ciega los entendimientos, adopta a Cristo por Maestro, vera y entenderá la verdad, porque Dios promete "encaminar a los humildes por el juicio y ensenar a los mansos su carrera" (1Cor 2:14, 2Cor 4:3-6, Salmo 25:9)

3- Es preciso ser amante de la verdad, porque, ¿Quién se cuidará de buscar con afán y recoger lo que no se aprecia y estima? De necesidad imperiosa, para el estudio de la Escritura Sagrada, es un corazón deseoso de conocer la verdad. Y téngase presente que el hombre no posee tal naturaleza, tal corazón, sino al contrario, un corazón que huye de la verdad espiritual y abraza con preferencia el error. "La luz vino al mundo, -- dice Jesús de sí mismo, -- pero los hombres amaron más las tinieblas que la luz." Aún más; dice el m ismo, que la aborrecieron, "y he aquí porque en su creciente ceguedad pasan del aborrecimiento a la persecución y de la persecución a la crucifixión del Maestro. "Dejando pues…todo engaño – dice Pedro—desead, como niños recién nacidos, la leche espiritual no adulterada. Que es la verdad revelada" El que con este deseo la busca, escudriñando las Escrituras, también la hallara. Porque al tal "El Padre de gloria dará espíritu de sabiduría y de revelación en el conocimiento de Él," Si: "El secreto de Jehová es para los que le temen y a ellos hará conocer su alianza." (Jn 3:19-20, 1Pedro 2:1-2, Efe 1:17, Sal 25:14)

4- También se debe ser paciente en el estudio, pues, ¿Qué adelanto hará una persona impaciente, inconstante y cambiadiza en cualquier trabajo que emprenda? Para todo se necesita esta virtud. Al decir Jesús: "Escudriñad las Escrituras" se vale de una palabra que denota el trabajo del minero que cava y revuelve la tierra buscando con diligencia el metal precioso, ocupado en una obra que requiere paciencia. Las Escrituras, necesariamente deben ser ricas en contenido e inagotables, como las entrañas de la tierra. Y por lo mismo, sin duda, Dios ha dispuesto que en algunas partes fuesen profundas y de difícil penetración. Por otra parte, el fruto de la paciencia es deleitoso y cuanta mas paciencia se ha empleado para encontrar un tesoro, tanto mas se aprecio y tanta mas delicia produce. Llévese, pues, al estudio de las Escrituras tanta paciencia como a las cosas ordinarias de la vida. Manifiéstese, además, esa "nobleza" que caracterizaba a los de Berea, de los cuales dice la Escritura que "fueron mas nobles que los que estaban en Tesalónica, pues recibieron la Palabra con toda solicitud, escudriñando cada día las Escrituras," y se vera como este trabajo lleva el premio en si mismo. "! ¡Cuan dulce son a mi paladar tus Palabras!; mas que la miel a mi boca…. Maravillosos son tus testimonios…… Góceme yo en tu Palabra como el que halla muchos despojos…… Por eso he amado tus mandamientos mas que el oro, y mas que el oro muy puro. "Tal es el testimonio del Salmista, que había hecho de la Palabra de Dios su diligente estudio y perseverante meditación, y tal será la experiencia del imitador de su ejemplo. (Juan 5:39, Hechos 17:11, Sal 119:103,129,162,127)

5- Para el estudio provechoso de las Escrituras se necesita la menos, la prudencia de saber principiar la lectura por más sencillo y proceder a lo que es mas difícil. Es fácil descubrir que el Nuevo Testamento es mas sencillo que Antiguo y que los evangelios son mas sencillos que las cartas apostólicas. Aun entre los evangelios los tres primeros son más sencillos que el cuarto. Princípiese, pues, el estudio por los tres primeros. A continuación del tercero puedes leer, por ejemplo, el libro de los Hechos, que es de más fácil comprensión que el Evangelio de Juan, cuyo contenido es muy profundo. En una palabra, téngase la prudencia de saber de pasar de lo sencillo a lo difícil para sacar provecho y no arrinconar el libro por incomprensible, como han hecho algunos imprudentes. Puedense resumir todas estas disposiciones en aquel rasgo característico manifestado por los discípulos de Jesús en los momentos de no comprender sus Palabras: Le preguntaron por el significado, le pidieron explicación. Y leemos "Aparte explicaba todo a sus discípulos," "Les abrió el sentido para que entendiesen las Escrituras" Su ejemplo, en este caso, además de indicar las condiciones precisas para el estudio provechoso de las Escrituras, nos ofrece la regla fundamental que se debe observar en este trabajo: La oración, la suplica. Nunca se debe emprender el estudio sin haber pedido al Maestro que abra el entendimiento y aclare su Palabra en nuestros corazones.

La fuente de toda luz y sabiduría es Dios, y dice la promesa: "Si alguno tiene falta de sabiduría demándela a Dios.... Y le será dada." Así lo hacía David: "Abre mis ojos, dice, enséñame tus estatutos, dame entendimiento, inclina mi corazón a tus testimonios." Y pudo cantar el resultado de su proceder, diciendo: "! ¡Cuan dulce son a mi paladar tus Palabras!... Mas que mis enseñadores he entendido." Sígase su ejemplo y será idéntico el resultado. (Mat. 13:36, Mr 4:10, 34, Lcs 24:45, Sant 1:5,7, Salmo 119:18,26,34,37,99,104). (Tomado del Libro: Hermenéutica Introducción Biblica)

LOS NOMBRES DE DIOS

Los nombres de Dios nos dan pistas de lo que Dios es y hace, y esto nos lleva a conocer un poco mas al Dios del que estamos tratando en este capítulo, la Palabra de Dios le da referencia a muchos Nombres con los cuales Dios se hace visible en su Palabra, para que nosotros como humanos, sepamos mas o menos como y quien es Dios. Veamos solo algunos de ellos:

ELOHIM – Poderoso creador.

ADONAI – El Dios que gobierna.

SHADDAY – Dios todopoderoso/omnipotente.

YHWH-SHALOM – El Señor nuestra paz.

YAHWEH-YIREH – El Señor proveedor.

YAHWEH-ROHI – El Señor es mi pastor.

YAHWEH-TSIDKENU – Dios nuestra justicia.

YHWH NISSI – Dios nuestra bandera/victoria.

YHWH-RAPHA – El Señor nuestro sanador.

REVISEMOS ALGUNOS VERSICULOS QUE NOS HACEN REFERENCIA A SUS NOMBRES

ELOHIM= En estos versículos encontramos a Dios como el Creador, refiriéndose al poder que tiene para crear todo lo que existe, y eso lo encontramos en: Jn 1:3 Col 1:16-17. RV.

ADONAI= Versículo de referencia y leer con mucho cuidado porque este versículo tiene profundidad de entendimiento, Dn 4:17. RV.

SHADDAY= Es uno de los títulos que se usa para designar a Dios en el judaísmo. Según Ex 6:3 como lo mencionamos al principio, así era como se le conocía a Dios desde Abraham hasta que el nombre propio "Yahveh" fue revelado a Moisés. El SHADDAY da referencia y era conocido por sus hechos grandiosos los más renombrados fue el de abrir el mar rojo y ahogar a los egipcios, Ex 14:21, lo conocían como el que abrió el rio Jordán en Josué 3:15-16.

YHWH SHALOM= Este nombre se menciona en los saludos del pueblo judío, refiriéndose a la paz que es Dios y transfiere al hombre a través su Santo Espíritu. Ellos lo hacen por el significado del nombre, pero muchas veces sin entender en su totalidad que significa realmente. Estos v versículo nos dan una referencia a lo que el nombre realmente significa: Fil 4:7 sobrepasa todo… Rom 16:20 Y el Dios de Paz …. Jn 14:27 La paz os dejo, mi paz os doy; yo no os la doy como el mundo la da…... y luego hace una afirmación: … No se turbe vuestro corazón ni tenga miedo. "Ojo con esta afirmación".

YAHWEH-YIRE= Aunque se dice que la Biblia lo menciona solo una vez, es objeto de que se a tomado en serio en este tiempo, la realidad es que Él es "Jehova-Jireh" fue exclamado por Abraham en el momento que iba a sacrificar a su hijo Isac. Gn 22:14. Un contexto extraordinario que tienen estas palabras que van mucho más allá de la provisión material de Dios que puede ser real en nuestras vidas cotidianas.

YAHWEH-ROHI= Este nombre, creo que es un gran nombre que significa; El señor es mi pastor, y en toda la extensión de la palabra; Él es nuestro Pastor, que nos dice que no, nos va a faltar nada, que nos hará descansar en delicados pastos, y que nos guiará por aguas de JUSTICIA y siendo El, El pastor todo esto lo hará solo, por amor de su nombre. Y nos cuidara no importa que estemos amenazados de muerte, porque su promesa es: que El estará con nosotros, y no solo eso su bendición nos la va a dar delante de nuestros enemigos, y nos dará su unción (autoridad) hasta que nuestra copa rebose, y por esa causa tendremos dos poderosos gigantes que nos acompañarán todo el resto de nuestras vidas para ayudarnos y animarnos para seguir caminando este camino tan hermoso, y estos son: El bien y La misericordia. Salmo 23

YAHWEH-TSIDKENU= Cada nombre que hemos escogido es verdaderamente grandioso para con nosotros; Dios es nuestra justicia, tocando o guardando este nombre toda nuestra vida física y material, desde ya, pone una cobertura sobre nosotros, ya que la justicia de Dios sobre nosotros nos hace inmunes no solo al pecado, sino a los ataques del enemigo en el mundo espiritual. Dios no solo es "Justo" por excelencia, sino que es de quien tiene origen la "Justicia" misma. Y esa Justicia se manifiesta así cuando da su merecido a cada uno en retribución de las obras, pero también cuando actúa desde su misericordia para salvar al pecador. No se puede encontrar un ejemplo mas claro que la muerte expiatoria de Jesús en sustitución de nuestras almas pecadoras. En su muerte Jesús estaba "haciendo justicia" por todos nosotros, ya que la justicia de Dios demandaba que todo pecador debía morir; Rom 6:23. Pues Cristo se ofreció así mismo para satisfacer lo que la justicia de Dios demandaba de nosotros como pecadores, pagando así un grande costo siendo crucificado. Fil 2:8-11. Fue grande el costo que Jesús pago por nosotros. Y algo muy profundo en estas palabras de 2Cor 5:21.

YHWH-NISSI= Dios nuestra bandera o nuestra victoria. El apóstol Pablo hace referencia a una pelea que se llevaba a cabo en los tiempos antiguos cuando dice en Romanos 8:37-39 "Somos mas que vencedores, por medio de aquel que nos amó…" En estas palabras el Apóstol se refería a una pelea que se llevaba acabo desde una perspectiva de que antes de que pelearan los contrincantes ya se sabia quien iba a ganar. La Palabra de Dios nos dice claramente que Jesús es El Rey de reyes y El Señor de señores Ap 19:16 y que el sustenta todas las cosas con la palabra de su poder, Heb 1:3. Dejando así en claro que no hay quien se le iguale para enfrentarlo a una pelea. En otras palabras, la pelea que tenemos que pelear ya está ganada, Cristo Jesús ya la gano en la cruz del calvario por nosotros, ya solo nos queda a nosotros aceptar esa victoria, hacerla nuestra y vivir así cada día. Él es nuestra victoria, El es nuestra bandera.

YHWH-RAPHA= Otro nombre, y con este terminamos la lista de los pocos nombres que tomamos en referencia para conocer un poco a Dios, "Jehova Rapha" El Señor nuestro sanador o el que nos sana. Aunque no se necesita tanta explicación para entender este precioso nombre en nuestro estado físico o carnal. Diremos que es de suma importancia, por no decir el mas importante, aunque en la realidad no hay ninguno que sea de menor importancia, pero este es sumamente necesario porque como hemos hablado. Esta palabra es espiritual y nosotros somos carne, y lo interesante en este nombre es que la sanidad es para el espíritu, alma y tu cuerpo físico, Dios es así, todo lo que se refiere a El o proviene de El y es completamente integral, involucra todo tu ser en todos sus nombres, aprendamos a valorar los nombre de nuestro Dios ya que ellos encierran y manifiestan el carácter y la personalidad de Dios, la cual queremos conocer, esto es a lo que se llama: "plenitud de entendimiento".

ENTENDIMIENTO

Veamos ahora que es lo que sigue para conocer a nuestro Dios, ya hemos hablado de sus nombres, ahora vamos a estudiar o tratar de entender a que nos referimos cuando queremos hablar de la palabra "entendimiento". Esta es una palabra clave que tal vez muchos no la toman en serio en su contexto, pues tiene que ver con la revelación de Dios para nosotros, en lo personal creo que es la palabra que como bien significa revelación: "Acto de remover el velo para ver lo que no se veía" creo que a eso yo le llamaría entendimiento, entender es no mirar las cosas por encima sino más bien en su profundidad, ya que todo de alguna manera fue creado de lo que no se veía, Heb 11:3, El entender algo, significa que lo puedes palpar con tus manos o pensamientos, significa que puedes vivirlo, puedes dormirte con eso que entiendes y despertar con eso que entiendes, es como una visión clara de todas las cosas habidas y por haber, entiendes como son, de que son, de donde vienen y de quien vienen, es vivir la vida sin afanes, aunque los tengas, es vivir la vida sin temor porque sabes que no se puede acercar a ti, Is 54:14 etc. Con el entendimiento despierto, sabes quien eres y a quien perteneces, no importa lo que diga la gente, tu los entiendes y oras por ellos, los amas, aunque hablen mal de ti, porque entiendes perfectamente que el que habla a tus espaldas, está siendo usado por el enemigo o por su carne y no ha madurado todavía, eso tu lo entiendes, porque entiendes que tu lucha no es contra tus hermanos sino contra aquel a quien usa a esos hermanos en la fe.

VEAMOS ALGUNOS VERSICULOS QUE NOS ARROJEN MAS LUZ CON RESPECTO DEL ENTENDIMIENTO

2Corintios 4:4 En los cuales el dios de este mundo cegó el entendimiento de los incrédulos, para que no les resplandezca la luz del evangelio de la gloria de Cristo, el cual es la imagen de Dios.

En este versículo encontramos claramente que el entendimiento ha sido cegado y que, por ende, no es fácil entender las cosas que Dios verdaderamente quiere enseñarnos, sabemos de Dios pero no sabemos en realidad quien es Dios, saber no es lo mismo que entender aunque el diccionario lo quiera hacer ver igual, Dios anhela que sus hijos podamos vivir lo que Él ha prometido, y no podemos negar que hay muchos que verdaderamente disfrutan ser cristianos, puedo decir disfrutar porque la felicidad para un cristiano es un sentimiento que solo él o ella conocen en su interior por no decir más. Dios nos ha dado sus promesas para que las vivamos y las disfrutemos, es muy difícil encontrar cristianos felices por el Espíritu Santo, la mayoría de los cristianos se dicen ser felices, pero es al igual que los que no conocen a Dios, que tienen un trabajo normal y les va bien pero no conocen en si al Rey de reyes, y viven para ellos una vida normal, disfrutando una vida de fiestas, reuniones familiares, conociendo lugares y aun con los problemas de la vida que al igual pasamos los cristianos; enfermedades, problemas económicos, de parejas y familiares, de amistades, etc. pareciera no haber nada diferente entre uno y otro. Hay cristianos, si se puede decir así porque estamos en este mundo todavía; cristianos ricos y cristianos pobres, lo digo de esta manera porque no existen tales cristianos en Dios, existen cristianos que conocen a Dios y eso es mas que suficiente para estar más que bien, dependen de Dios y son normales como las demás personas en esta tierra, solo que ellos valoran y viven de ese valor que le dan a las cosas eternas, han entendido que encerrarlo todo en una palabra pueden ser mas que felices, porque han aprendido a "AMAR". Esta es la palabra que encierra todo, esta palabra los lleva a dar su propia vida por aquellos que aman, esa es la felicidad para ellos, no les importa nada más, porque el amor de Dios sobre ellos lo llena todo. Por eso entendemos lo que nos dijo nuestro Señor Jesucristo: "amen aun a sus

enemigos", porque, que recompensa habrá amando a los que nos aman. Entender cuanto nos ama Dios y que ese amor ha sido dado a nosotros por su Santo Espíritu según Rom 5:5. Es estar lleno, completo, es estar seguro en toda la definición de la palabra, es estar libre de preocupaciones, temores, enfermedades, problemas que puedan venir, en sí, no hay problema que puedan hacerlo pasar por momentos que lo puedan hacer claudicar en este camino, es algo que la mente normal no va a entender porque no es lo que hemos aprendido desde que nacemos, lo dije de esta manera, porque no aceptamos lo que alguien dijo en un libro que leí, decía que la gente es así, porque era difícil para él ser humano aceptar las grandes promesas de Dios en su totalidad, porque no era nuestra naturaleza, y que en realidad deberíamos pelear para aceptar las promesas de Dios. Pues hoy te quiero decir que si, que si es tu naturaleza que viene de Dios y por ende las promesas, y las grandes maravillas de Dios que están en su Palabra son normales para nosotros, tengo más versículos para estudiar, pero no puedo detenerme ahora, ya que quiero decirte que cuando te entregaste a Cristo se te devolvió la naturaleza de la que provienes, esa naturaleza que Adán puso a dormir en el huerto del Edén, por eso cuando pecas no te sientes bien, porque no es tu naturaleza, nos movemos en un mundo al cual no pertenecemos, nuestra ciudadanía esta en el cielo de donde también esperamos a Jesús nuestro Señor. La naturaleza de donde venimos se llena con el Amor de Dios en nosotros, el apóstol Pablo lo decía "Si no tengo amor, nada soy" de nada me sirve lo que haga en esta tierra, aun se trate de ayudar a miles de personas, y entregar mi cuerpo por una buena causa, y aun así, puede que no tenga amor y por ende; "NADA SOY". 1Cor. C13, es muy difícil que estas palabras puedan hallar cabida en nuestro intelecto: v4 El amor es sufrido, es benigno; el amor no tiene envidia, el amor no es jactancioso, no se envanece; 5 no hace nada indebido, no busca lo suyo, no se irrita, no guarda rencor; 6 no se goza de la injusticia, mas se goza de la verdad. 7 todo lo sufre, todo lo cree, todo lo espera, todo lo soporta. 8 El amor nunca deja de ser………
es algo imposible para el hombre terrenal entender tales palabras, sin embargo, esa es nuestra verdadera naturaleza. Entender esto es una gloria y la gloria se gana en leyendo las Sagradas Escrituras y con mucha oración. Un precio que no todos pagan.

    1Corintios 14-16 Pero el hombre natural no percibe las cosas que son del Espíritu de Dios, porque para el son locura, y no las puede entender porque se han de discernir espiritualmente. En cambio, el espiritual juzga todas las cosas; pero él no es juzgado de nadie.

    Estamos muy acostumbrados a este mundo pasajero y a las cosas pasajeras, y a los momentos pasajeros, y placeres pasajeros, es loque sabemos de esta vida, esto es lo que hay y nos tenemos que conformar, buscamos mas cosas para tratar de ser felices, pero nos damos de cuenta que es la misma canción de insatisfacción o aburrimiento, escuchamos gente inteligente en los medios masivos de YouTube, fb, Instagram etc. mencionando palabras; como poemas, frases que parecen ser muy inteligentes, para vivir en esta vida y que nos llama la atención, y después decimos en nuestro interior ¿Qué más hay? podría mencionar algunos o muchos de esos que hablan cosas "Inteligentes y bonitas que nos llegan a veces" y sí, claro que son muy ciertas, es verdad lo que muchos de ellos dicen. Pero aquí va la pregunta: ¿Esta nuestro espíritu despierto para discernir hasta donde nos está edificando todas esas palabras? Hasta qué punto o nivel nos sentimos animados y llevamos a la práctica las disciplinas de orar y leer la Biblia, solo por leer o escuchar esas palabras que son "inteligentes" o será que nuestra sensibilidad espiritual esta dormido, y seguimos sin pasar tiempo en la presencia de Dios, más que cinco o quince minutos al día, y a veces ni eso, que esta pasando entonces. La Palabra de Dios declara en cuatro ocasiones que el justo por su fe ha de vivir, Rom 1:17, Heb 10:38, Gal 3;11 y Hab 2:4 y también dice en Rom 14:23 que todo lo que no proceda de la fe es pecado, entonces nos preguntamos; ¿De qué nos está hablando Rom 14:23? ¿Es un poco difícil asimilar esta afirmación del apóstol Pablo a los Romanos, pero ¿de que habla? o, ¿a qué se refiere el apóstol? el hace referencia a todo aquello que no nos edifica, se refiere a todo lo que no, nos hace crecer nuestro espíritu en el conocimiento de Dios. El apóstol lo ve como pecado. Y podremos disentir con el apóstol, pero; ¿cuál es la realidad al final del camino? Pensemos un poco.

    Hay una verdad en nuestro versículo que estamos tratando de discernir, y es que no persibimos la cosas que son del Espíritu de Dios, y hasta nos enojamos cuando nos dicen la verdad, (nos parece locura las cosas que nos dicen al respecto) no queremos aceptar lo que nos dice Dios en su Palabra, esa es la realidad, decimos que sí, pero nuestro espíritu esta más controlado por el alma, somos almáticos, si se acepta esta palabra por no decir otra. Estamos dormidos espiritualmente y no alcanza a escuchar la dulce voz del Espíritu Santo. Acaso: ¿podemos negar que todo lo que escuchamos, vemos y vivimos nos apega mas a este mundo de placeres? Calmamos nuestras conciencias haciendo pensar que estamos con Dios cuando es todo lo contrario, ¿estamos siguiendo el camino de la nueva era sin saberlo?. Y muchos hombres de Dios hemos aportado para que la iglesia este como esta. Pareciera como que todo esta bien sin saber que estamos en un tiempo tan peligroso que nosotros mismos nos engañamos a nosotros mismos. Y cuidado que alguien pueda juzgarnos porque lo calificamos de &^%$#@!@#$%^ cuando la palabra de Dios dice que el hombre espiritual no puede ser juzgado de nadie, pero el si puede juzgar todas las cosas, Pero; ¿Como va a ser eso? Y sacamos muy rápido nuestros argumentos para debatir la Palabra de Dios que así lo declara. En su etimología el hombre espiritual en este versículo, es un hombre o mujer que piensa como Dios, que siente como Dios y conoce como Dios o lo que Dios quiere y va a hacer. La misma Palabra lo dice "Hombre espiritual" no es una persona que esta dominada por el alma, sino que tiene una conexión diariamente con Dios. Por eso en este tiempo, si Jesús apareciera en el cuadro de la mujer adultera, cuando dijo: "el que este libre de pecado que tire la primera piedra" nadie duraría de apedrearla y no nomas a ella, sino también a Jesús como está pasando hoy día. Eso pasa con nuestras murmuraciones (Chismes) al respecto, y no solo en algún adulterio, sino en todo lo que tiene que ver con algún pecado de algún hermano. Ignoramos que estamos diciendo que estamos libre de todo pecado y que podemos lanzar las piedras sin remordimiento. A veces no lo decimos, pero lo pensamos que para Cristo es lo mismo. Leer 2Corintios 10:3-5 y en el 6 declara casi lo mismo del hombre espiritual. Leámoslo en la versión de NTV; Nueva Traducción Viviente.

POR ÚLTIMO, TENEMOS ESTE VERSICULO:

Colosenses2:2 para que sean consolados sus corazones, unidos en amor, hasta alcanzar todas las riquezas de pleno entendimiento, a fin de conocer el misterio de Dios el Padre, y de Cristo, 3 en quien están escondidos todos los tesoros de la sabiduría y del conocimiento.

Este pasaje de las Escrituras donde el apóstol Pablo nos aclara que tiene una gran lucha por todos los hermanos que están en Laodicea y al parecer en oración, su lucha es para que los hermanos de Laodicea y los que no han visto su rostro, puedan ser consolados en sus corazones, uniéndose en amor, ¿para qué? Para que alcanzaran todas las riquezas de "PLENO ENTENDIMIENTO" con un propósito y es el de CONOCER el misterio de Dios el Padre y de Cristo en quien se encuentran todos los tesoros de la sabiduría y del conocimiento. La oración siempre es vital para con todos y más cuando se trata de este asunto del entendimiento que también vital, es indispensable para la vida de un hijo de Dios, pero no lo podemos obtener sino es por la mucha oración y por la mucha Palabra que comamos, y es aquí donde queríamos llegar, para conocer a Dios es indispensable la mucha oración y la mucha lectura y meditación en su Palabra.

EXPERIENCIAS

Definitivamente si no hay mucha oración y mucha meditación en la Palabra de Dios, no podremos conocer a Dios y por ende muchas de las cosas que hagamos tal vez sean solo nuestra carne y no Dios, por lo regular no hablo estas cosas, y es por lo mismo, porque a los que les he platicado que son pocos no las creen o no las entienden. Alguien dijo en una ocasión; lo que no se entiende no se puede vivir, ni tampoco creer, pues como puedes vivir algo que no entiendes y aunque decimos creerle a Dios, aunque no lo entendamos, es cierto en parte, porque solo usamos esa frase en momentos difíciles que podamos estar pasando, creo que Ud. sabe bien a que me refiero. Creo que si de verdad le creemos a Dios nos ahorraríamos muchos momentos difíciles en nuestra vida, por eso le digo que hay algo de verdad en eso. Como hijo e hija de Dios; ¿De verdad te gustaría conocer a Dios? Porque Dios esta super interesado en que tu le conozcas, El anhela que sus hijos sepan quien es El para ellos, te pregunto porque hay un precio que se tiene que pagar para conocer al creador del del universo y del mundo en que vivimos, ¿Quieres conocer de verdad al creador de la galaxias y mundos por haber? No hay cosa más emocionante, más hermosa, más preciosa, más satisfactoria que conocer a Dios, creo que no hay palabras para describir esa audiencia con el Rey de reyes y Señor de señores. No existe algo en este mundo que se asemeje a tener una cita, cara a cara con nuestro Creador. Sin embargo, El solo está como el novio que está en la iglesia esperando a su amada para formalizar su relación y vivir juntos por siempre. Pero hay un alto precio que pagar para esta reunión duradera en su presencia. Después que lo conoces, después que has estado en muchas citas con El, aprendes a ver el mundo de otra manera que como lo ve cualquier ser humano, miras a las personas hacer sus cosas y tú las vez y dices; no parece estar bien lo que hace, hablando de otros cristianos que quieren agradar a Dios también, pero no dices nada, solo observas y así es en cada cosa que las personas hacen en este mundo, y quisieras gritar quisieras hablar pero no puedes porque no estas allí para decir algo, luego vienen los que "saben" y dicen: "Si está mal díselo" pero no puedes, porque hay algo que te esta deteniendo, espiritualmente te esta deteniendo, sabes que aunque se los digas no te van a escuchar, porque hoy todo el mundo piensa que está bien en lo que hace "para Dios". Gracias a Dios por su gracia sobre mi vida para salvarme "Pido disculpa por decir esto" pero pude pasar noches enteras en su presencia, no dormía, solo quería estar leyendo su Palabra y adorarlo literal, ese era mi único anhelo, tenía mi trabajo normal, pero después de mi trabajo atendía los quehaceres de la casa y de mi esposa y luego a leer y adorar, dormía solo unos minutos o a veces horas, así fue por bastantes días, donde llegaron momentos cuando empezaba a leer la Palabra y el Espíritu Santo caía sobre mí y empezaba a reír y reír como por media hora, luego me levantaba y seguía leyendo y empezaba a llorar y a llorar pero con una felicidad lloraba, de allí empezó a suceder algo, y es que cuando leía la Palabra de Dios miraba como se levantaba la Palabra saliendo de las páginas de la Biblia con luz y muchos brillos hacia mí y me tocaba y yo sentía el poder que emanaba de ella y eso era lo que me hacía caer al piso y reír y llorar de felicidad. Era algo increíble. Se da cuenta porque no lo comento a las personas'

    Después empecé a tener sueños, donde iba a pelear con demonios, que por cierto el día de ayer escuché a una hermana que estaba entrevistando el Pastor Carlos Harrigan diciendo esto mismo. Al principio yo pensaba que eran sueños solamente, aunque parecían muy reales al principio, después fue que me di cuenta que era Dios sacando mi espíritu para pelear contra demonios de la carne, en una ocasión me llevo a la casa de mis padres, yo estando en Atlanta Ga y ellos estando en Chihuahua Mx y pude ver a mis hermanos y también me llevo a otros lugares, allí sentí y me di cuenta que el mundo es muy pequeño para el que ora. En esos días de gloria cuando yo oraba empezaba a hablar en otras lenguas, lenguas angelicales pues Dios me hacia entender perfectamente lo que yo cantaba para El, tanto fue así que El me llevaba a su presencia a adorarle en lenguas angelicales, después en mi trabajo, cuando estaba trabajando, en un momento del día, sentía como Jesús mi Señor, descendía para estar conmigo, y pasar tiempo conmigo allí yo trabajando y hablando con El, para decir verdad me paraba de trabajar para charlar con mi Señor, creo que me pasaría mucho tiempo contando las innumerables experiencias que El Señor me ha dado con El, pero aquí paramos lo mío y seguimos con la Palabra.

Esto me paso a mi porque nunca pensé en otra cosa sino era conocer al Dios al cual le había entregado mi vida, en ese tiempo cuidaba mis pensamientos, mi manera de hablar, mi manera de comportarme, mis actitudes hacia los demás, era muy estricto conmigo mismo con respecto de la santidad. Y creo que eso fue lo que me llevo a conocer a Dios, de la manera que lo conozco, también creo que no puedo vivir sin el ahora, y para decir un poco más, no se vivir sin él en esta tierra. En ese tiempo escuchaba decir que para conocer a Dios teníamos que pagar un precio, refiriéndose específicamente a la oración y la lectura de la Palabra, que aprovecho para darle gracias Dios por los Pastores Enrique y Débora Bosques pastores en Atlanta Ga y a una mujer que amo también mucho la pastora Flora Reyes y a su amado esposo que ya partió con El Señor, al Reverendo Mario Reyes, muy amados en nuestra comunidad, ya que a través de ellos fue que me aferre a la oración y a la Palabra de Dios, siempre en sus predicas estaba "OREN Y LEAN LA PALABRA............" casi no había una predica o una enseñanza que no dijeron eso, en la iglesia o en el Instituto y eso me formo y me llevo a conocer a Dios como le conozco. En ese tiempo yo no batalle nada porque tuve la experiencia del nuevo nacimiento que menciona Jesús en Juan C3 hablando con Nicodemo.

FALTA DE ENTENDIMIENTO

Dice la Palabra de Dios que los que cometen adulterio tienen falta de entendimiento, Pr 6:32 y añade más "Corrompe su Alma el que tal hace". Primero; el libro de Proverbios son los consejos de un Padre para su hijo, segundo; lo esta escribiendo alguien que sabía perfectamente lo que era cometer adulterio, y tercero; el castigo que obtiene la persona que lo comete, su alma es corrompida, si tomamos en cuenta el pecado de David podemos ver varios puntos a tomar en cuenta por la falta de entendimiento:

1- Hirió su propio nombre.

2- Llevo deshonra a su familia.

3- Ocasiono graves desastres a su descendencia.

4- Y dio ocasión a los enemigos de Israel para blasfemar el nombre de Dios.

Son puntos a tomar en consideración para sanar y restaurar lo que se ha herido, lo que se ha deshonrado y restaurar su relación con Dios en este tiempo de gracia, que es muy diferente a los tiempos del rey David, ya que David tenia varias esposas, y el pecado no solo fue por adulterio, también se añade un asesinato premeditado. Aunque estamos en el tiempo de la gracia, el castigo puede ser mas severo porque hoy tenemos al Espíritu Santo en nosotros, somos templos del Espíritu santo y eso ánade, tal vez mas castigo al pecado, la diferencia que ahora te puedes arrepentir y puedes detener algún castigo, varias cosas van a pasar a tu familia por consecuencias del pecado cometido, pero hay restauración. El arrepentimiento de todo corazón, hace que te apartes del pecado y no sigas cometiéndolo para que empiece tu restauración. La Biblia no dice que David se arrepintió, sino hasta que el profeta Natán vino hacia el para declarárselo. ¿Que vemos aquí? Que el pecado te siega el entendimiento y al estar cegado el entendimiento cometes pecado y al cometer pecado tu alma es corrompida, hay varios verbos para describir la palabra corrupción, pero definámosla así; como que "trae aflicción de muerte a su alma". Hasta donde puede llegar el pecado en un cristiano que comete tal acto. El profeta Natán empieza a contar al rey David una historia de dos hombres; uno rico y otro pobre haciendo más énfasis en el agravio que cometió a tal hombre. Hoy hay hombres y mujeres que no dejan de pasar por estas cosas, y un gran porcentaje de cristianos que pasan por estos casos, ya no vuelven al ministerio y solo están sentados en las sillas de los templos, o ya fuera de los caminos del Señor. Tal parece que el entendimiento que falta es a los lideres pastorales. Porque una vez más se puede ver la falta de entendimiento para ayudar a estos hermanos a restaurarse y dar lo mejor para Dios, es triste mirar tal realidad, y lideres con muchos anos en el evangelio. De verdad que va a ver muchas sorpresas cuando Cristo venga por su iglesia, no quiero entrar en polémica en este asunto, solo decir que hay muchas cosas que declara la biblia con respecto de actos que no es adulterio, pero si esos actos nos dejan saber que él o ella están faltos de entendimiento según la Palabra de Dios.

CONOCIEN DO A DIOS

hoy en día entiendo el precio al que se referían y era el de morir a esta carne, renunciar a esta carne, para poder entrar en un tiempo para hablar con Dios, no va suceder pronto o puede que sí, pero lo normal es que necesitas dejarle saber a Dios con tus acciones, que verdaderamente quieres conocerle, recuerda esto siempre, no hay otra manera de conocer a Dios sino es a través de la oración, lectura y meditación de su Palabra, hoy en día hay que llamar la atención de Dios, tenemos que lograr que el nos mire, porque le hemos fallado tanto que sabe bien que decimos o prometemos cosas que no hacemos, esto depende cuantas veces le hemos fallado, la verdad es que El sigue creyendo en nosotros, y sabe que podemos lograrlo. Tu que estas leyendo estas palabras; Dios cree en ti y sabe que puedes porque saliste de Él, Él te creo y por cuanto el te creo, sabe El, que si puedes, Jesús te sigue amando como en el principio, por tanto, levantémonos a pelear por esta última generación, así como el apóstol Pablo por los de Laodicea, así nosotros por esta generación, sabes que si importa lo que hayas hecho mal, claro que sí importa porque es tu soporte para levantarte y no ofender más a Dios, así sea algún pecadito o pecadote que hayas cometido, Dios te perdona, su amor no cambia para contigo, el pecado es el que te engaña y animado a veces por los "cristianos" que murmuran y cambian su actitud para contigo, para hacerte pensar que ya no eres lo mismo delante de Dios, tristemente a esos cristianos, vez lo amargados que son, la apariencia de piedad y de felicidad que cargan que también son dignos de que oremos por ellos. Dios cree en ti, yo creo en ti y hay muchos o pocos que también creen ti. Es tiempo de conocer al Padre, a Jesús y al hermoso Espíritu Santo.

Colosenses 3:3 Si, pues, habéis resucitado con Cristo, buscad las cosas de arriba, donde está Cristo sentado a la diestra de Dios. 2 Poned la mira en las cosas de arriba, no en las de la tierra. 3 Porque habéis muerto, y vuestra vida está escondida con Cristo en Dios. 4 Cuando Cristo, vuestra vida, se manifieste, entonces vosotros también seréis manifestados con él en gloria.

El poder del pecado y la revelación de la gracia

Ya que el aguijón de la muerte es el pecado y el poder del pecado es la ley

(Ya que el aguijón de la muerte es el pecado y el poder del pecado es la ley)

El poder del Pecado (La Ley) I Corintios 15:56

Cuando hablamos de poder, estamos hablando de influencia, estamos hablando de autoridad, estamos hablando de acción de mandar. En la vida social de los humanos existe muchas clases de poderes, pero hay tres con los que se rigen los gobiernos a nivel mundial, tal vez muchos conozcamos o desconozcamos la función de estos poderes, pero hoy conoceremos un poquito de estos poderes y los pondremos como ejemplo para entender cómo opera el poder del pecado.

Poderes que operan en el mundo secular

1. Poder Ejecutivo: Es responsable de la gestión diaria del Estado, y concibe y ejecuta políticas generales de acuerdo con las cuales las leyes tienen que ser aplicadas; representa a la nación en sus relaciones diplomáticas; sostiene las fuerzas armadas y en ocasiones aconseja con respecto a la legislación. En pocas palabras el poder ejecutivo está considerado como administrador y ejecutor de la voluntad popular a la cual representa y de la que debe ser su más firme garante.

2. Poder Legislativo: Por definición, es el poder que crea y promulga leyes, también las modifica, facultad que implica la posibilidad de regular en nombre del pueblo, los derechos y las obligaciones de sus habitantes en consonancia con las disposiciones constitucionales para ejercer dicha facultad, esta investida de una incuestionable autoridad que le otorga la representación de la voluntad. En pocas palabras el poder

legislativo promulga o revoca leyes. (Las figuras más importantes son el senado y los diputados)

    3.   Poder Judicial: Es un poder del estado encargado de administrar la justicia en una sociedad. Es una de las tres facultades y funciones primordiales del Estado, y obra mediante la aplicación de las normas jurídicas en la resolución de conflictos. En pocas palabras el poder judicial interpreta leyes y las hace respetar o invalida las mismas, para aplicarlas en la sociedad.

La palabra "Poder":

Por poder en el sentido de poder público, se entiende a la organización, institución o conjunto de órganos del Estado, que en el caso del poder judicial son los órganos judiciales o jurisdiccionales: juzgados, tribunales, que ejercen potestad jurisdiccional, que suele gozar de imparcialidad y autonomía.

Todos estos poderes al igual que los poderes públicos están todos sometidos al imperio de la Ley, en otras palabras, todo está o se debe regir bajo lo que está escrito como ley, como constitución nacional. En pocas palabras, el poder, es una fuerza o autoridad que recibe una persona, como individuo o, a un grupo gubernamental o social, de parte de la constitución nacional, para ejercerlo sobre las personas que están bajo su cargo, o sobre la sociedad, para poder tener un control sobre la situación según sea.

¿Por qué tomamos estos poderes gubernamentales como ejemplo? Nuestro deseo es que visualicemos un cuadro más completo a nivel personal y a nivel social, o mundial, para entender lo que Dios trata de decirnos acerca del poder del pecado que es por la ley.

Ley Suprema:

Tenemos que saber que existe una Ley suprema, como personas creadas con voluntad propia, intelecto o razonamiento y emociones, entendamos que Dios está por sobre todo lo que pueda existir sobre esta tierra y el universo, conforme a las escrituras que Dios nos dejó, podemos saber que las leyes que hay y que existen tanto en el universo como en la tierra son puestas por Él, y para Él.

"Porque en Él fueron creadas todas las cosas, las que hay en el cielo y las que hay en la tierra, visibles e invisibles; sean tronos, sean dominios, sean principados, sean potestades, todo fue creado por medio de Él y para Él". (Colosenses 1:16–17).

"Todas las cosas por Él fueron hechas, y sin Él nada de lo que ha sido hecho, fue hecho". (Juan 1:2–3).

Ahora bien, en Romanos 13:1 leemos lo establecido por Dios:

"Sométase toda persona a las autoridades superiores; porque no hay autoridad sino departe de Dios, y las que hay, por Dios han sido establecidas. De modo que quien se opone a la autoridad, a lo establecido por Dios resisten; y los que resisten, acarrean condenación para sí mismos. Porque los magistrados no están para infundir temor al que hace el bien, sino al malo, ¿Quieres, pues, no temer la autoridad? Haz lo bueno, y tendrás alabanza de ella".

Pareciere como si esta palabra, ha sido mal interpretada por las autoridades seculares, ya que las mismas autoridades se enseñorean de los que están más abajo que ellos, pues es parte, por lo que el pecado ha ganado terreno.

¿Qué Es La Ley?

La ley es una regla o norma establecida por una autoridad superior para regular, de acuerdo con la justicia y siempre está en contraparte con lo que daña el bienestar de la vida humana y en cuestión del cielo, (con lo que pueda dañar el bienestar de la vida del mundo angelical) hablando en lo que a Dios respecta. Según leímos en Colosenses 1, 16–17 y Juan 1, 3. Es aquí donde empieza todo, entendiendo que existe una ley suprema que ha establecido todo, entonces de alguna manera Él está mirándolo todo.

"¿Quién como Jehová nuestro Dios, que se sienta en las alturas, que se humilla a mirar en el cielo y en la tierra?". (Salmo 113:5–6).

También dice 2 Crónicas 16:9

"Porque los ojos de Jehová contemplan toda la tierra, para mostrar su poder a favor de los que tienen corazón perfecto para con *Él*.

Locamente has hecho en esto; porque de aquí en adelante habrá más guerra contra ti".

Aunque este pasaje nos muestra a Dios declarando una palabra, se podría decir que castigó al Rey Asa, Rey de Judá en ese entonces, por haber confiado más en el hombre (Rey de Siria) que en Dios, es un claro ejemplo para saber que los ojos de Jehová contemplan la tierra y que no se escapa nada de lo que los hombres hacen en secreto o a la vista de todos, en otras palabras: No hay paz para el que hace lo malo, pues Dios lo ve todo.

Para cristianos

Entendamos esto: ¿Cuál es la ley del pecado o como se aplica? La ley del pecado se hace presente cuando hay pecado en nosotros, porque no hemos renunciado a ese pecado. ¿Cómo se hace presente? Cuando vamos a hacer algo que tiene que ver con las cosas sagradas de Dios algo viene a nuestra mente que nos dice que no estamos limpios del todo (Esa voz es a lo que se le llama ley del pecado) y que por ende no podemos hacer, por ejemplo, el orar por alguien, el evangelizar con pasión, el testificar a alguien lo que Dios hizo en nuestra propia vida. Etc. Otro ejemplo es cuando decimos que somos cristianos y nos pasa algo trágico en nuestra vida o en nuestra familia, rápido viene una vez más esa voz a nuestra mente para decirnos que hicimos algo mal o no estamos bien delante de Dios.

Ahora, ¿porque esa voz se aparece en nuestra mente acusándonos de que no estamos limpios de que hicimos algo mal y no podemos creer o confiar plenamente en el Señor? Precisamente por eso, porque es una "ley" se siente con autoridad o con derecho por nuestra naturaleza caída y porque habitamos en un cuerpo que le pertenece. Pero eso no quiere decir que estamos en pecado, "no" Si Cristo nos ha perdonado "creámosle a Él" Él ya nos perdonó, ya el pecado ha sido vencido por Cristo, pero para que esto suceda necesitamos ser convencidos por el Espíritu Santo según Juan 16:7–11 y entender que la ley del espíritu de vida nos ha librado de la ley del pecado y de la muerte. Romanos 8:2 dice que tenemos que vivir bajo el régimen nuevo del Espíritu Santo y en la verdadera ley que es la de la libertad porque donde está el Espíritu de Dios allí hay libertad. ¿Libertad para qué? Para adorar a Dios, para evangelizar, para orar por alguien y si nos pasa algo trágico, entender que todo está en el propósito de Dios pues ahora entendemos que todo lo que nos pasa obra para bien, si es que verdaderamente amamos a Jesús y Él es nuestro Señor y Salvador. La voz podrá venir a acusarnos otra vez, pero ahora ya no tiene poder sobre nosotros y no le daremos nuestro oído.

Ojo: El propósito de la Palabra de Dios es acabar y matar el poder del pecado en nosotros, por eso es tan importante escudriñar la palabra de nuestro Dios, aprenderla, creerla y ponerla por obra, porque así es como podemos morir al pecado y él no se enseñoreará de nosotros, si alguien, alguna persona comete algún robo u homicidio la policía y la ley lo va a buscar, y siempre lo perseguirá hasta encontrarlo, mientras él viva será buscado. Pero si la persona muere. ¿Qué hace la ley? Cierra el caso y no lo busca más (No lo acusa más) Porque ya ha muerto, la ley no tiene más poder sobre él. O acaso; ¿Se le puede aplicar la ley a un muerto? No.

Así mismo pasa con el pecado, si tú has muerto con Cristo, el pecado no tiene más poder sobre ti, pero si todavía sigues pecando es claro y lógico que la ley del pecado te perseguirá y te acusará y te hará la vida imposible tanto que no podrás ir al cielo, si Cristo viene a levantar a su iglesia, la palabra de Dios dice que el pecado formará o hará asedio sobre tu vida para que no puedas ir al cielo. Es tiempo de creerle a Dios de que por su Santo Espíritu y la Palabra nos guiara a un verdadero arrepentimiento y Él nos perdonara y nos guiara para que sigamos despojándonos de todo peso de pecado que nos asedia y corramos con paciencia la carrera que tenemos por delante puestos los ojos en el autor y consumador de la fe, el cual es Cristo, nuestro Señor. Hebreos 12:1–2.

Ahora nosotros, personas que habitamos en la tierra, que día a día, nos levantamos, vamos a trabajar intercambiamos palabras y actividades con diferentes personas en nuestro trabajo, en la tienda, en la clínica, manejando en la calle, regresamos a casa, vemos la noticias, o diferentes programas de televisión, vamos al gimnasio, o a hacer algún tipo de ejercicio, en fin, todos los días estamos en movimiento intercambiando con muchos tipos de personas, a través de nuestro ajetreo diario: ¿Qué es lo que podemos ver y experimentar sobre la tierra? ¿Qué es lo que podemos ver que esta reinando en nuestra sociedad? No es acaso la violencia personal, familiar y social, tenemos guerras, hambres, pobreza, odio racial, humillación, abuso de poder, tenemos grandes problemas sobre la moral misma del hombre, desde la más alta sociedad hasta la más baja sociedad reina la inmoralidad, hoy por hoy la moral del hombre ha sido golpeada con una fuerza demoniaca que es muy difícil de recuperarse en siglos, la palabra de Dios nos declara en:

"Mas los malos hombres y los engañadores irán de mal en peor, engañando y siendo engañados". (2 Timoteo 3:13).

¿Quiénes esperamos que nos presidan en los años venideros? ¿Cuáles serán los pensamientos de nuestros gobernantes, después de los que tenemos ahora? Al día de hoy, y después de todo lo que escuchamos y vemos en los noticieros, ¿Para dónde podemos pensar que se dirige este mundo? debemos entender que lo que Dios dijo en su palabra; que la ley esta puesta para castigar al que mal hiciere, de la misma manera, está establecido un tiempo en el cual todo ser humano daremos cuenta delante de Él, todo ser humano desde la primera pareja Adán y Eva y todas las generaciones habidas y por haber estarán en este juicio, absolutamente nadie podrá escapar de este juicio. Así lo dice su palabra:

"Y de la manera que está establecido para los hombres que mueran una sola vez, y después de esto el juicio". (Hebreos 9:27).

Veamos ahora como los poderes gubernamentales son sinónimo del poder del pecado, así como:

Poder ejecutivo: concibe, administra y ejecuta la voluntad popular a la cual representa y de la cual es su más firme garante, así el poder del pecado concibe la maldad en la mente del ser humano para llevarlo a hacer cosas que no convienen, o cosas que van en contra de su bienestar o el bienestar de la misma humanidad, y su único propósito es acabar con el ser humano.

"Luego, cuando el deseo desordenado (poder) ha concebido, engendra el pecado; y el pecado, una vez que ha sido consumado, da a luz la muerte". (Santiago 1:15).

Aquí vemos el deseo como el poder del pecado, influenciando y dominando la mente del hombre hasta cometer cualquier tipo de pecado y provocando así la muerte espiritual. (Separación de Dios) La pregunta es: ¿Cuántos son los que pueden sostenerse ante un deseo dominante, autoritario y maligno? Las tentaciones son variadas, puede ser alguna hermosa mujer, una buena comisión de dinero por algún trabajo deshonesto y fácil, cualquiera que fuere la tentación siempre va a ser fuerte el deseo que vayas a enfrentar, aquí se puede decir que existen dos factores: Uno: depende cual sea la tentación y dos: depende cuan fuerte tu estés espiritualmente. Si no tienen la palabra de Cristo morando en el corazón, si no tienes una vida de oración permanente y si no estás disciplinado en el ayuno y la tentación es una de tus debilidades más grandes, déjame decirte que, por lo regular son pocos los que escapan de su propia debilidad que viene del mismo pecado que está en nosotros. Si estando la palabra de Dios morando en nosotros es difícil, cuanto más, cuando Cristo no reina en la persona a través de su palabra, por eso la importancia de mantener una vida de oración, como dijo Jesús: "Para no caer en tentación".

Dominados Por El Pecado

Hemos hablado de morir al pecado, pero eso no quiere decir que el pecado murió, aunque nosotros hayamos muerto al pecado y debemos mantenernos así por medio de las disciplinas espirituales como lo es la oración, la palabra de Dios, la alabanza y el congregarnos para la comunión con los hermanos, el pecado seguirá insistiendo para volver a tomar poder sobre nosotros, y aplicarnos la ley de la inseguridad, el miedo, la ley de no perdonar, del odio etc. y hay veces que le abrimos la puerta con algún deseo carnal o de otro tipo, de tal manera que se pega a nuestra mente como si fuera chicle casi queriéndose adueñar de nuestra mente, y no es nada fácil dominar algo que se ha adueñado de nuestra mente o nuestra conciencia, es algo parecido a un hombre o mujer, que han caído en un vicio, y se han hecho adictos, a algún fármaco llámese droga, café, cigarro o deseo de poder ¿por qué no decirlo? ese algo que resulta difícil de dejar cuando se trata de no hacerlo más, tratan de pelear con los propios pensamientos, pero al fin le resulta en vano, siempre terminan cayendo de nuevo, es como una rueda o ciclo que nunca se acaba, y esto es debido a que el pecado, administra y ejecuta su poder sobre los pensamientos, ya que la base de todo lo que vemos y vivimos, no está basado en la palabra de Dios, sino en lo que el pecado ha administrado en nuestra mente, como para ver todas las cosas con las que nos rodeamos a diario, aún más, como el pecado no es contrarrestado con la palabra de Dios, su poder administrativo aun es aplicado sobre los sentimientos, y la cosa se pone más difícil, cuando ya el pecado ha tomado el control total de una persona, ya cuando su espíritu, su alma y su cuerpo están contaminados, número uno, no cree a la palabra de Dios, número dos, no aceptan lo que Dios dice en su palabra, número tres todos a su alrededor son contaminados también por los pensamientos de la persona controlada por el pecado.

Poder Legislativo: Crea y promulga leyes para que estas se tomen en cuenta y se lleven a cabo, esto es lo que hace el poder legislativo no a nivel personal, sino a nivel sociedad. Ahora; ¿En qué se puede comparar el poder del pecado? El poder del pecado Crea argumentos en la mente del ser humano que son completamente contrarios a la voluntad de Dios, y muchos de estos pensamientos parecieran ser tomados de la misma palabra de Dios, siempre, toda ley o pensamiento que se promulga en la mente y luego en la sociedad pareciera ser bueno, siempre lo muestran como que va a ser bueno para todos, y resulta que nos dañan más de lo que ya estamos, el pecado trabaja siempre de una manera que la gente sea dominada por estos pensamientos, y que les haga pensar, que lo que está haciendo, está bien, estos son los argumentos que tratan de impedir que se conozca a Dios, argumentos tales como: "Yo no le hago mal a nadie" "Yo no me porto mal" "Lo que estoy haciendo no está mal" "Dios es amor" Dios está en todos lados, y Él me escucha, el infierno no existe, cosas como estas, y aun más que tal vez, usted sepa.

"En los cuales el dios (diablo) de este siglo cegó el entendimiento de los incrédulos, para que no les resplandezca la luz del evangelio de la gloria de Cristo, el cual es la imagen de Dios". (2 Corintios 4:4).

Y también dice:

"Derribando argumentos y toda altivez que trate de impedir que se conozca a Dios, y llevando cautivo todo pensamiento a la obediencia a Cristo". (2 Corintios 10:5 DHH versión).

El poder del pecado crea argumentos para que se tomen en cuenta y así formar estilos de vida que puedan controlar a cada persona para mantenerlos alejados del conocimiento de Dios, y al mismo tiempo hacerles creer que conocen a Dios. Nadie queda exento de este poder que ejercen tales argumentos, ya que hay influencias no físicas que tienen acceso a la mente del ser humano sin ellos darse de cuenta, estas influencias pueden poner pensamientos en las mentes de las personas haciéndoles creer que los pensamientos son propios, por ejemplo: cuando una chica nos sonríe viene a la mente: "¡Wuao le gusto!" O viceversa, tal vez ese pensamiento yo no lo pensé, pero hubo alguien que lo susurró a mi oído o mente y pensé que era yo, a veces pasa, como cuando te encuentras un dinero y sabes de quien es, te viene a la mente: "Yo tengo más necesidad, me quedare con él" o si sabes que hay un Dios, la mente te dice: "Dios sabe que lo necesito" también cosas como: "Yo no soy tan malo" aunque se pueden decir que estas son frases inventadas por el pecado, de igual manera se dice que Dios hizo la hierba de marihuana y que no es malo fumarla, etcétera, tenemos que entender que el poder del pecado puede crear argumentos más poderosos y convincentes que te convenzan de que todo está bien, que Dios no te va a juzgar por eso, y todo eso la hace solo para que no conozcas a Dios. Veamos ahora que significa la palabra "Argumento", para entender un poco mejor de lo que estamos hablando:

Argumento: Es un razonamiento o pensamiento mediante el cual se intenta probar, refutar o justificar una proposición, o para convencer a una persona de aquello que se afirma, y siempre con una finalidad.

Ahora si que podemos entender un poco más claro, con esta definición, como los pensamientos o argumentos trabajan cuidadosamente todas las áreas de nuestra vida para ganarnos y controlarnos en la mayor parte da la vida, el pecado ha estudiado y conoce bien nuestra vida desde el día en que nacimos, pues el pecado nació juntamente con nosotros, el salmista dijo en una ocasión: Salmo 51:5 "He aquí, en maldad he sido formado, y en pecado me concibió mi madre". Desde Adán fue trasmitido el pecado a todos los hombres, por cuanto todos pecamos, y ese pecado trata de hacernos entender o convencer que no necesitamos a Dios, y formula una serie de palabras en nuestra mente, para pensar que no necesitamos arrepentirnos de nuestros pecados, ni ir a la iglesia, que no necesitamos leer la Biblia, etc.

Dios abra nuestro entendimiento ya que todos sabemos que hay un Dios, pero no todos lo entienden y mucho menos le conocen, (ojo) una cosa es saber de Dios, todo el mundo dice conocer a Dios, pero es una mentira arrogante, solo saben de Él, o han oído de Él, otra muy diferente es conocer a Dios, conocer a Dios es conocer su palabra, conocer sus planes, conocer a Dios es tener una relación con Él y Él tenga una relación conmigo, para con mi familia, para con la humanidad, la palabra de Dios dice claramente:

"Y de una sangre ha hecho todo el linaje de los hombres, para que habiten sobre toda la faz de la tierra; y les ha prefijado el orden de los tiempos, y los límites de su habitación; para que busquen a Dios, si en alguna manera, palpando puedan hallarle, aunque ciertamente no está lejos de cada uno de nosotros". (Hechos 17:26-27).

"No se dejen engañar; "Las malas compañías corrompen las buenas costumbres" Velad debidamente, y no pequéis más, porque alguno no tiene conocimiento de Dios, lo digo para vergüenza de ustedes". (1 corintios 15:33-34).

"Y esta es la vida eterna: que te conozcan a ti, al único Dios verdadero, y a Jesucristo, a quien has enviado". (Juan 17:3).

Así es como el poder del pecado trabaja, creando leyes con argumentos para esclavizar al ser humano y mantenerlo en un estado de muerte espiritual. (No conocimiento del Dios verdadero) es importante conocer la palabra de Dios para poder derribar todos esos argumentos que el pecado pone en las mentes, para impedir que se conozca a Dios.

Poder Judicial, interpreta leyes y las hace respetar o las puede invalidar, en pocas palabras administra la justicia en la resolución de conflictos en una sociedad, esta es parecida a la ejecutiva que hace que estas leyes sean firmadas y autorizadas, y el poder judicial hace que la sociedad las respete y las practiquen; en pocas palabras, el poder ejecutivo las crea y este las aplica, de la misma manera el poder del pecado creando los argumentos en las mentes de las personas hace que estos se apliquen en la vida misma, y no solo a nivel personal sino a nivel de la sociedad, a través de la influencia de personas con personas, así es como el pecado hace que se promuevan leyes que van en contra de la dignidad del ser humano, aun en contra de la moral o que atentan contra los valores y la unidad familiar, por poner un ejemplo, el permiso y la ley que permite que se vendan las revistas pornográficas, la venta legal de alcohol, de cigarros, películas porno, licencia para abrir prostíbulos y mucho negocios que han perjudicado al núcleo familiar que es el centro y la base de una sociedad, la sociedad no podría existir si no hay familias, los imperios más grandes de la tierra han caído por haber caído el núcleo familiar, y todo lo que vemos ahora es un atentado peligroso para eliminar el núcleo familiar, el pecado solo sabe destruir, tanto como a personas como individuos, familias y sociedades enteras las tiene sumisas y controladas. La palabra de Dios dice:

"Si Jehová no edificare la casa (Familia) en vano trabajan los que la edifican". (Salmo 127:1).

Jesús también dijo:

"Cualquiera, pues, que me oye estas palabras, y las hace, le comparare a un hombre prudente, que edifico su casa sobre la roca, (Palabra de Dios)". (Mateo 7:24).

"Pero cualquiera que me oye estas palabras y no las hace, le comparare a un hombre insensato, que edificó su casa sobre la arena". (Mateo 7:26).

El Pecado sobre el mundo

Todo esto ha hecho que el pecado haga que el mundo tenga una perspectiva distorsionada de la realidad, el pecado ha hecho estragos en la mente del ser humano y nos hace ver las cosas completamente al revés, el pecado ha hecho que el hombre se coma y se alimente solo de lo malo aunque parezca bueno, ¿a qué me refiero? a que ha hecho que los medios de comunicación muestren cosas bonitas que te pueden hacer sentir "bien" manipulando todo lo que sale en la TV, en los periódicos etc. y mostrándote una faceta que no es la verdad, ellos muestran engaños, mentiras con tal de vender el producto que se está presentando en cualquier medio de comunicación, estos atrapan la mente y les deja saber lo que le conviene a la compañía o al interesado que controle los medios de comunicación, eso es lo que llama la biblia "La corriente de este mundo".

Efesios 2:2 "En el cual anduvisteis en otro tiempo, siguiendo la corriente de este mundo, conforme al príncipe (diablo)de la potestad del aire, el espíritu que ahora opera en los hijos de desobediencia".

Detrás de cada anuncio en televisión o en radio, detrás de cada publicidad, en revistas o periódicos, está escondido el verdadero propósito del pecado, "la muerte eterna" aunque se puede decir que no podemos generalizar, si podemos decir que en la gran mayoría de ellos somos alimentados con el engaño del pecado, es bien sabido por todos que los medios de comunicación llámese revistas, periódicos, televisión o como se llame, nunca te van a mostrar la verdad de lo que hay detrás de cada anuncio, como para tomar cerveza, nunca te van a mostrar a un borracho tirado en el suelo, no, te muestran a gente elegante, alegre, con mucha energía, ellos nunca te van a mostrar las heridas y los traumas que los hijos y el matrimonio obtienen con los divorcios, los asesinatos en las discotecas, producto del alcohol, de las drogas, las películas te van a presentar que tener todo, es lo mejor, que el no tener es de gente que no vale, las novelas te muestran los adulterios, los pleitos, las fornicaciones como algo normal y muy sensual y deseado a la vista de todos los ojos, y esto te hace ver, que si le eres fiel a tu esposa, que si no te vas de parranda con los amigos, si no tomas licor con ellos, te van a empezar a llamar: tonto, religioso, fanático, etc., a la joven que se cuida de no tener relaciones prematrimoniales, la empiezan a acusar de monja, estas pasada de moda, le hacen *bullying*, la marginan etc., es una presión para los hombres casados y aun para las mujeres también, no se diga de nuestras jóvenes, en la actualidad podemos ver que el índice de jóvenes que están siendo atrapadas por esta presión, es muy grande, comparado a generaciones pasadas, y que muchas de estas jóvenes caen en una depresión, volviéndose como una tormenta en sus propias mentes, y llegan a experimentar traumas psicológicos de los cuales se requiere de mucho trabajo para poder ayudarlas a salir de esos problemas, de los cuales está lleno el mundo, y cuando no se busca ayuda, ellas mismas se van acostumbrando a una vida de pecado, sobreviviendo a heridas que causan todas esas decisiones que pervierten la mente y el alma del ser humano, y eso ha deteriorado completamente los valores morales.

Ahora el pecado ha hecho que los valores morales ya no valgan, y como todo el mundo lo hace ya lo miran todo como normal, esto es lo que hace el poder del pecado que es la ley, que todo lo malo lo mire como bueno y todo lo bueno lo miren como malo, pero dice Dios en:

Isaías 5:20 "!Hay de los que a lo malo dicen bueno, y a lo bueno malo; que hacen de la luz tinieblas, y de las tinieblas luz; ¡que ponen amargo por dulce, y lo dulce por amargo!".

En la Biblia la palabra "Ay" es considerada un juicio de parte de Dios, y esos los miramos mucho en el libro de apocalipsis.

2 Timoteo 3:6 "Porque de estos son los que se entran en las casas, y llevan cautivas las mujercillas cargadas de pecados, llevadas de diversas concupiscencias".

Ahora bien, los que están en Cristo y han sido limpiados de pecado y de toda maldad por la sangre de Jesucristo, de acuerdo con su Palabra, la Biblia, ya no debemos vivir conforme a la corriente de este mundo.

Efesios 2:3–5 "Entre los cuales también todos vosotros vivimos en otro tiempo en los deseos de nuestra carne, haciendo la voluntad de la carne y de los pensamientos, (Argumentos) y éramos por naturaleza hijos de ira, lo mismo que los demás. Pero Dios que es rico en su misericordia por su gran amor con que nos amó, aun estando nosotros muertos en pecados, nos dio vida juntamente con Cristo. (Por gracia sois salvos)".

Romanos 8:2 "Porque la ley del Espíritu de vida en Cristo Jesús me ha librado de la ley del pecado y de la muerte".

Nosotros, los que hemos sido salvados aceptando el sacrificio que nuestro Señor Jesucristo hizo en la cruz por nosotros y limpiados de todo pecado con la sangre que fue derramada en ese sacrificio, debemos identificar y soportar la presión y hasta cierto punto la persecución que hacen los hombres y mujeres que siguen la corriente de este mundo, aunque vivimos con ellos, trabajamos con ellos y los amamos, debemos mantenernos firmes en lo que hemos aceptado y creído ahora en Jesucristo. Porque cuando no vamos junto con ellos, ellos empiezan a marcarnos con varios sobrenombres descritos arriba, pero ¿qué?, cuando soportamos esa persecución y nos guardamos fieles a Dios, pasa que cuando ellos empiezan a pasar por problemas de índole moral, ya sea divorcios, abortos, alcoholismo, problemas con los hijos, problemas personales, familiares o de trabajo etc. Ellos, de los que se acuerdan en ese momento de presión y trauma psicológico, (Problemas) es de los hombres y mujeres que nos guardamos en pureza para Dios, ellos reconocen claramente que estaban equivocados y que la solución si era, lo que nosotros les habíamos hablado acerca de Jesús y el perdón de pecados. Algunos de ellos son tan engañados por su orgullo, que aunque reconocen su situación y piensan en nosotros, su corazón es engañado con tanta fuerza que su orgullo se convierte en odio hacia nosotros, y ese odio se vuelve incontrolable, porque ya están dando lugar a fuerzas más grandes y demoniacas, de las cuales la mayoría no tienen conocimiento, y es así que cometen asesinatos, y tragedias de las cuales se arrepienten después que las han hecho, pero ya el arrepentimiento es dentro de una cárcel o algún hospital, y para desgracia de muchos, ya no pueden arrepentirse, pues lo que han cometido los ha llevado al mismo cementerio, el arrepentimiento viene porque dentro de ellos no querían cometer tales fechorías, pero después que las cometen se dan cuenta de esa realidad, una realidad que se llama: "Engaño del pecado" no es otra, esa es la realidad, hay millones y millones que están siendo engañados por el pecado y hoy están pagando su condena, no tiene que ser así.

Ahora ¿Por qué pasa todo esto? ¿Por qué la gente no atiende en el momento cuando les decimos la realidad o la verdad de las cosas? Espero que con este libro podamos entender que el mundo en realidad está siendo engañado por el pecado y que ese mismo pecado los quiere llevar a la muerte eterna. Es nuestro anhelo poder ser de bendición a través de este libro y que todo el mundo conozca la realidad del engaño del pecado, que es el espíritu que ahora opera en los hijos de desobediencia, conforme al príncipe de la potestad del aire. (Satanás) Efesios 2:2 y que no esperen a que sucedan las desgracias personales o familiares, ya que siempre que una persona es perjudicada por algún problema de cualquier índole, siempre hay más de dos o tres personas involucradas también, siempre nuestros problemas personales tienen que ver con más personas, queramos o no, así es la vida porque todos tenemos familias y a veces ni en ellas pensamos cuando nos estamos involucrando en drogas, adulterio, robo, fornicación, pleitos y porque no mencionar, el mismo satanismo que está muy de moda, ya todo mundo quiere todo fácil y piensa que con hacer pacto con Satanás lo va a tener todo, cuan equivocados están, es la mentira más grande que puede existir, satanás no te puede dar todo, pues que todo le pertenece a Cristo, pues todo fue creado por Él, y para Él.

Colosenses 1:16–17 "Porque en él fueron creadas todas las cosas, las que hay en el cielo y las que hay en la tierra, visibles e invisibles; sean tronos, sean dominios, sean principados, sean potestades, todo fue creado por medio de él y para él".

Juan 1:3 "Todas las cosas por él fueron hechas, y sin él nada de lo que ha sido hecho, fue hecho".

Los pactos satánicos lo único que te van hacer, es poner más ataduras en la mente para que no aceptes la verdad de Dios, porque todo hombre y mujer en este mundo sabemos en nuestro corazón, que ni todas las riquezas del mundo, ni todo el placer del mundo, les va a dar la felicidad y el amor que verdaderamente anhelan, satanás no conoce la palabra amor, que es la mayor necesidad del ser humano, el hombre ha sido tan golpeado en la vida, que su verdadera necesidad es quien lo ame y lo haga sentir seguro en la vida, el hombre necesita quien le de identidad, y esa solo te la puede dar, aquel por quien fuiste creado, esa vida solo te la puede dar Cristo, el hijo de Dios, esa fue la razón por la cual fue crucificado, para llenar tu corazón de su amor, para darte identidad como hijo, no se te olvide nunca que eres su creación óptima, y que el diablo ha querido adueñarse de ti, engañándote, haciéndote pensar que Cristo te odia, pero es todo lo contrario y para eso, todo el mundo sabe lo que Cristo hizo en la cruz del Calvario, con un solo propósito y es de salvar tu alma de las garras del pecado y de satanás, y llenarte de su amor, Cristo nos ha amado y nos sigue amando con nuestros errores y nuestras virtudes, nunca se te olvide que el amor de Dios es tan grande para contigo que estuvo dispuesto a dar su vida por ti, esto se llama gracia, y es un don, un regalo de Dios para la humanidad, completamente gratuito, no creas las mentiras de satanás, la palabra que Dios nos dejó en la Biblia, nos dice claramente su plan redentor para la humanidad, en la cual tu y yo y todo el mundo está incluido, si me permites hacerte un reto; no pierdes nada, y en cambio, puedes ganarlo todo, dice la palabra de Dios.

Romanos 10:9–11 "Que, si confesares con tu boca que Jesús es el Señor, y creyeres en tu corazón que Dios le levantó de los muertos, serás salvo. Porque con el corazón se cree para justicia, pero con la boca se confiesa para salvación. Pues la Escritura dice: Todo aquel que en *Él* creyere, no será avergonzado".

Si eres sincero con tu corazón, y contigo mismo, y anhelas algo diferente y al mismo tiempo hermoso, te reto a que confieses estas palabras que fueron escritas para todos los que anhelamos una mejor vida aquí en la tierra, y también la vida eterna con Cristo en el cielo, no es un cuento de hadas, es una verdad que está delante de ti y te repito que no pierdes nada con ser sincero contigo, aunque sea una vez, si puedes, y quieres repite con todo tu corazón estas palabras:

Confieso con mi boca que Jesús es el Señor de todo lo creado sea invisible o visible, todo fue hecho por *Él*, y para *Él*, y creo, con todo mi corazón que Dios le levant*ó* de los muertos para perdonar mis pecados, y librarme del príncipe de la potestad del aire y trasladarme al reino de su hijo Jesús, pido perdón por todos mis pecados y me arrepiento de todo lo malo que hay en mi vida, y creo en tu gran amor que tuviste por mí, al morir en esa cruz donde derrotaste a satanás y a todos sus demonios, y me justificaste delante del Padre, declarándome justo por tu justicia, pues tu eres puro y sin pecado, yo te doy gracias ahora, por tan grande honor y me someto a tu Santo Espíritu y a la autoridad de tu palabra dándote mi vida, para ser guiado en este mundo y no pecar más contra ti en el nombre de Jesús.

Si has hecho esta oración, te felicito por tu valentía, es una decisión muy grande, que hoy que has sido sincero contigo y con Dios, no dudes en ninguna manera que Dios se va a olvidar de lo que acabas de decirle, Él ha tomado muy en cuenta tus palabras, y las ha escrito en las tablas de las memorias para recordarte siempre que ahora le perteneces a Él, y Él tendrá cuidado de ti, pero tú debes buscar una iglesia donde se predique al Padre, al Hijo y al Espíritu Santo, pídale a Dios que te guie a esa iglesia donde Ud. va a crecer en su camino hacia el cielo, y trate de juntarse con gente que verdaderamente amen y sirvan a Dios de todo corazón. Si gustas también puedes contactarnos, estamos para servirte y nos daría mucho gusto saber de ti.

Recordemos, que los que estamos en Cristo ya no estamos bajo la ley o bajo el poder de la ley del pecado, sino bajo la gracia, bajo esa libertad con que Cristo nos hizo libres, libres al perdonarnos y limpiarnos de todo pecado, ahora vivimos en la libertad (en la gracia) con que Cristo nos hizo libres. Aprendamos a vivir en libertad y no estar sujetos una vez más al yugo de esclavitud del pecado, esto se logra con oración y ayunos, y constancia en el templo para alabar a Dios, que ese sea ahora nuestra alimento, pues dice la Palabra de Dios en:

Romanos 6:12–14 "No reine, pues, el pecado en vuestro cuerpo mortal, de modo que le obedezcáis en sus concupiscencias; ni tampoco presentéis vuestros miembros al pecado como instrumentos de iniquidad, sino presentaros vosotros mismos a Dios como vivos de entre los muertos, y vuestros miembros a Dios como instrumentos de justicia. Porque el pecado no se enseñoreará de vosotros; pues no estáis bajo la ley, sino bajo la gracia".

Nunca olvidemos nuestro compromiso con Dios, mantengamos firmes nuestra profesión, que el Señor de Gloria, Jesús, nos galardonará en aquel día, si les somos fieles.

El mal que esta en mí

(El cometer pecado no me hace a mí un pecador)

En una o en muchas ocasiones en las universidades y colegios en los barrios más pobres, en las mentes más intelectuales y en muchos lugares, ha surgido la pregunta o las preguntas acerca de: ¿Que es el mal? ¿Cuál es la naturaleza del mal? Y como todos sabemos que hay un Dios entonces viene la pregunta: ¿Si Dios es todo poderoso porqué no acaba con el mal? Estas preguntas parecen ser muy comunes en nuestra sociedad. También podemos ver que en todas las culturas y civilizaciones del mundo se han encontrado con estas mismas preguntas, tal pareciere que el mal está presente en cada generación, desde los inicios de la humanidad; ¿Habrá alguien que nos pueda responder tales preguntas? ¿Habrá alguien responsable de todo este mal que vemos en todas partes? Y vamos más a fondo ¿Existirá alguien que pueda acabar con el mal? Parece ser que el mal es como un cáncer que aqueja a la humanidad generación tras generación y no se han encontrado algún antídoto en contra de esto, que la gente llama: Mal o Maldad.

Veamos que nos dice un hombre en las sagradas escrituras, según la historia hace casi dos mil años, aquí el Apóstol Pablo menciona algo relevante para el ser humano:

Romanos 8:

[14] "Porque sabemos que la ley es espiritual; más yo soy carnal, vendido al pecado.

[15] porque lo que hago, no lo entiendo; pues no hago lo que quiero, sino lo que aborrezco, eso hago.

[16] y si lo que no quiero, esto hago, apruebo que la ley es buena.

[17] de manera que ya no soy yo quien hace aquello, sino el pecado que mora en mí.

[18] y yo sé que, en mí, esto es, en mi carne, no mora el bien; porque el querer el bien está en mí, pero no el hacerlo.

^{19} porque no hago el bien que quiero, sino el mal que no quiero, eso hago.

^{20} y si hago lo que no quiero, ya no lo hago yo, sino el pecado que mora en mí.

^{21} así que, queriendo yo hacer el bien, hallo esta ley: que el mal está en mí.

^{22} porque según el hombre interior, me deleito en la ley de Dios;

^{23} pero veo otra ley en mis miembros, que se rebela contra la ley de mi mente, y que me lleva cautivo a la ley del pecado que está en mis miembros".

En estos versículos vemos como el Apóstol Pablo nos declara parte de su experiencia en relación con el mal y al mismo tiempo relacionándolo con el pecado, ya que dice que este mal es una ley que se opone o que se rebela contra la ley de Dios y que lo lleva cautivo a la ley del pecado, él quiere hacer lo bueno pero esta ley lo lleva a hacer lo malo, lo que él no quiere hacer. Al ver nosotros al Apóstol Pablo hablando de cosas que la humanidad quiere saber y de lo cual tiene tantas preguntas al respecto, trataremos de analizar y entender lo que él mismo escribió acerca del mal que habita en el hombre, los que leemos la Biblia conocemos acerca de todo lo que hizo Pablo para la obra de Dios y todas las cartas que escribió.

Escribió gran parte del Nuevo Testamento, tanto que muchos lo han llamado como uno de los más grandes hombres de la historia del cristianismo, y siendo así nos relata y nos revela con humildad y en detalle lo que Dios le reveló acerca del pecado y que dentro de él había algo que él llama; "Mal" refiriéndose a algo malo y que eso malo estaba en sus miembros y lo empujaba o cautivaba a pecar o a hacer algo que él no quería hacer, pero él lo veía como una "ley". De esta palabra ya hemos hablado en otros capítulos, pero una vez más trataremos de explicar a qué se refiere cuando menciona al "Mal" como una "Ley".

El Apóstol Pablo halla esta "ley" que el mal está en él y que esa ley se rebela contra la ley de su mente, renovada por la ley de Dios, que está ahora también en su mente por la palabra de Dios, ya que él había tenido un encuentro directo con Jesucristo quien cambió su vida y todos sus pensamientos por ende él ahora podía sentir esa "ley", ese "mal" que estaba en él. Esta ley del mal se encuentra en todo ser humano y de alguna manera lo sabemos, pero el ser humano no se da cuenta en su totalidad hasta que acepta a Jesucristo como su salvador, entonces, es que empieza lo que el Apóstol llama: "Se rebela contra la ley de mi mente" como algo que va en contra de lo que ya había en su mente, ese algo lo había recibido cuando tuvo un encuentro con el Señor Jesucristo camino a Damasco. Esto le pasa a todo ser humano que entrega su vida a Jesús, sus vidas son cambiadas, sus mentes son renovadas y es por esta razón que en muchas ocasiones la gente no entiende a los cristianos y se les acusa de locos que les lavaron el cerebro, pero es debido a esto, el cambio para bien que Cristo hace en la mente de aquellos que le piden perdón y se arrepienten de sus pecados. Dios hace renacer una vez más su espíritu para habitar en el hombre, dándole una nueva naturaleza o una naturaleza divina.

El Encuentro

El libro de los Hechos nos relata la historia de Saulo de Tarso, quien es el mismo Apóstol Pablo, pero un poco antes de que tuviera el encuentro con el Señor Jesucristo, leamos la historia:

Hechos 9 "Saulo, respirando aún amenazas y muerte contra los discípulos del Señor, vino al sumo sacerdote,

[2] y le pidió cartas para las sinagogas de Damasco, a fin de que, si hallase algunos hombres o mujeres de este Camino, los trajese presos a Jerusalén.

[3] Más yendo por el camino, aconteció que, al llegar cerca de Damasco, repentinamente le rodeó un resplandor de luz del cielo;

[4] y cayendo en tierra, oyó una voz que le decía: Saulo, Saulo, ¿por qué me persigues?

[5] él dijo: ¿Quién eres, Señor? Y le dijo: Yo soy Jesús, a quien tú persigues; dura cosa te es dar coces contra el aguijón.

[6] él, temblando y temeroso, dijo: Señor, ¿qué quieres que yo haga? Y el Señor le dijo: Levántate y entra en la ciudad, y se te dirá lo que debes hacer".

Este pasaje nos muestra como Saulo ahora el Apóstol Pablo, tuvo un encuentro con el Señor Jesucristo, camino a Damasco y es precisamente aquí donde Dios implanta su ley a través de su Espíritu en la mente de Saulo. Ahora continuamos y leemos la palabra de Dios para poder entender un poco mejor el pasaje de Romanos.

"Este es el pacto que haré con ellos después de aquel tiempo —dice el Señor—: Pondré mis leyes en su corazón, y las escribiré en su mente". (Hebreos 10:16).

El Apóstol llama a esta ley que puso Dios en su mente y en su corazón "Ley de mi mente" porque según su hombre interior se deleitaba en la ley de Dios, esa ley que Dios había puesto en su mente por el Espíritu Santo le trajo vida nueva al Apóstol, cambió totalmente su vida, ahora él ya era otra persona, los que hemos leído de él, sabemos claramente que ese encuentro que tuvo con Jesús camino a Damasco lo transformó en otra persona, ¿acaso no sucede lo mismo en nuestro tiempo cuando alguien tiene un encuentro personal con el Señor Jesucristo?

Ahora vamos al pleno entendimiento de lo que es esa ley del pecado o ese mal que está en el ser humano. Cuando Dios creó a Adán y a Eva en el Huerto del Edén, Dios los creó sin pecado, sin ningún mal en sus mentes ni en sus miembros, Dios los creó completamente limpios de todo pecado, ellos no conocían lo que es el pecado o la maldad que en síntesis viene a ser lo mismo, ellos estaban en el huerto del Edén y se paseaban y hablaban con Dios cara a cara hasta el día que apareció la famosa serpiente llamada diablo o satanás, el cual engaña al mundo entero.

"Y fue arrojado el gran dragón, la serpiente antigua que se llama diablo y Satanás, el cual engaña al mundo entero; fue arrojado a la tierra y sus ángeles fueron arrojados con él". (Apocalipsis 12:9).

Se le llama serpiente antigua porque fue la que se presentó a Eva en el huerto del Edén y la engañó para que comiera del fruto que Dios había dado mandamiento del cual no se debía comer, aquí es donde se desprende lo que el Apóstol llama como: "el mal que está en mi" ese mal se introdujo a través del engaño que satanás introdujo en Eva y

Adán al ser puestos a prueba, cuando la serpiente empezó a hablar con Eva, analicemos el capítulo tres del primer libro de la Biblia llamado Génesis; veamos Génesis 3:1 "¿Conque Dios os ha dicho: No comáis de todo árbol del huerto?" Lo primero que vemos aquí es que el diablo entra con una media verdad que viene a ser mentira, porque las medias verdades vienen a ser mentiras en sí, "No comáis de todo árbol del huerto" Dios si había dicho, pero no que no comieran de todo árbol, miremos lo que Dios les había dicho: Dios había dicho que de todo árbol del huerto podrían comer; más del árbol de la ciencia del bien y del mal no comerás; porque el día que de él comieran ciertamente iban a morir. Génesis 2:16–17.

Ahora; ¿Cuál fue la respuesta de la mujer a la serpiente? Génesis 3:2–3 "Del fruto de los árboles del huerto podemos comer; pero del fruto del árbol que está en medio del huerto dijo Dios: No comeréis de él, ni le tocareis, para que no muráis".

La mujer había dicho bien, solo que le añadió un poco a lo que nosotros leemos en Génesis 2:16–17 Ella añadió "Ni le tocareis" ¿Porque ella añadiría estas palabras a lo dicho por Dios? Será ¿por qué el diablo al ser un poco superior que los hombres usa su poder de influencia maligna para infundir placer, miedo, nerviosismo, curiosidad o algo por el estilo, con tal de que caigamos en su trampa? Eva aunque era pura y no conocía el mal, se sintió atraída por aquellas palabras cuando satanás le dijo: "No moriréis" sino que sabe Dios que el día que comáis de él, serán abiertos vuestros ojos, y seréis como Dios, sabiendo el bien y el mal. Génesis 3:4–5 y he aquí la caída de Eva por el engaño de satanás V6: Y vio la mujer que el árbol era bueno para comer, (Cuerpo) y que era agradable a los ojos, (Alma) y árbol codiciable para alcanzar la sabiduría; (espíritu) y tomó de su fruto, y comió; y dio también a su marido, el cual comió, así como ella. V6 ¿Qué pasó entonces, después que comieron? V7 Dice la Biblia: "Entonces fueron abiertos sus ojos, los ojos de ambos, y conocieron que estaban desnudos; entonces cosieron hojas de higuera, y se hicieron delantales". Después de esto aparece Dios en escena: V8 "Y oyeron la voz de Jehová Dios que se paseaba en el huerto, al aire del día; y el hombre y su mujer se escondieron de la presencia de Jehová Dios entre los árboles del huerto". Dos preguntas aquí: ¿Por qué se escondieron? Y ¿Qué sintieron que los llevó a esconderse de Dios?

Génesis 3:9 "Mas Jehová Dios llamó al hombre, y le dijo: ¿Dónde estás tú?" V10 "Y el hombre respondió: Oí tu voz en el huerto, y tuve miedo, porque estaba desnudo; (vergüenza) y me escondí. (culpa)".

Después que el hombre ya conocía el mal, ahora por la desobediencia, vienen a nacer estas tres emociones que el hombre en sí no conocía, ni sabía que existían; y por ende son emociones que todo ser humano las lleva consigo en algún grado, si no ha tenido un verdadero encuentro con el Señor Jesucristo.

1. Culpa.
2. Miedo.
3. Vergüenza.

De estas tres emociones que todo ser humano lleva en algún grado en su vida, se desprenderían lo que viene a ser los traumas psicológicos de toda índole, desde raíces de amargura, paranoias, distorsiones de la personalidad, hasta los suicidios y todo tipo de trastornos mentales. Hoy en día hay más de 240 diagnósticos acerca de la personalidad del ser humano porque no se puede llegar a una conclusión acerca de que si la persona está bien o está mal. Hay gente con trastornos que no le hacen mal a nadie y hay gente que aparentemente están bien mentalmente, en sus escuelas en sus trabajos, con su familia y terminan matando a mucha gente. Los psicoanalistas y psiquiatras, y los profesionales de la conducta no pueden explicar que es lo que está pasando con la personalidad del ser humano. Cada año o cada dos años la psicología cambia de nombre o bautiza con nombres los problemas del ser humano. Existen más de tres mil términos para decir quién es una persona normal y quien es una persona anormal, es increíble ver todo lo que ha logrado el mal que se introdujo en el huerto del Edén hasta nuestros días, pero tampoco es de admirarse, cuando vemos nuestra generación que no quiere saber nada de Dios, ignorando que fue Él, el que ha dado la personalidad al ser humano.

Podríamos seguir viendo los pasajes siguientes que siguen a nuestra lectura del Génesis, pero nos saldríamos del tema que estamos llevando acerca de lo que Pablo dice que es el "Mal" que está en él. Pues en pocas palabras hemos tratado de explicar cuál es ese mal que el Apóstol nos declara que está en él, en el libro de los Romanos: Ese mal es aquella acción de desobediencia a Dios que hizo Eva y Adán por medio del engaño que logró el diablo a través de la serpiente, introduciendo ese veneno, ese mal en Eva y en Adán y en todo ser humano, pues la Biblia dice:

"Por tanto, como el pecado entró en el mundo por un hombre, y por el pecado la muerte, así la muerte pasó a todos los hombres, por cuanto todos pecaron". (Romanos 5:12).

"Por cuanto todos pecaron, y están destituidos de la gloria de Dios". (Romanos 3:23).

Dios había dado mandamiento que no se comiera de ese árbol porque ciertamente morirían, no murieron físicamente, pero esa desobediencia trajo consigo la muerte espiritual y es allí mismo en el espíritu del hombre donde se encuentra la vida de Dios en el ser humano, cabe aclarar que cuando el hombre y la mujer desobedecieron a Dios y obedecieron a satanás, esta desobediencia y esta obediencia le dio a satanás autoridad para gobernar la vida del ser humano, siendo así que el libro de Colosenses nos dice:

Colosenses 2:13-15 dice:

"Y a vosotros, estando muertos en pecados y en la circuncisión de vuestra carne, os dio vida juntamente con él, perdonándoos todos los pecados,

Anulando el acta de los decretos que había contra nosotros, que nos era contraria, quitándola de en medio y clavándola en la cruz,

Y despojando a los principados y a las potestades, los exhibió públicamente, triunfando sobre ellos en la cruz".

Este pasaje claramente nos dice que en ese día que satanás se le apareció a Eva a través de la serpiente, en realidad lo que le estaba diciendo satanás, era que le diera permiso o autoridad para gobernarlos, y la mujer y el hombre cayeron en la trampa del engaño, esto se dio a través de la desobediencia al mandamiento de Dios de no comer del árbol que él había ordenado que no se comiera. Allí fue automáticamente firmada esta acta de los decretos que había contra nosotros por parte de la mujer y el hombre a satanás (Col 2:14), así que el diablo se la trajo a Dios. Veamos lo que es un decreto:

Decreto: Es una sentencia o ley oficial. La palabra se refiere a las leyes que gobiernan las ocasiones especiales.

Por esta razón nosotros vemos al Apóstol Pablo decir en: Romanos 7:23 "Pero veo otra ley en mis miembros, (Ley del pecado) que se rebela contra la ley de mi mente, (Ley del Espíritu de Vida)". Romanos 8:2 "...y que me lleva cautivo a la ley del pecado que está en mis miembros".

Cuando analizamos estos pasajes nos damos de cuenta que el mal está en todo ser humano, por cuanto todos pecaron, pues no hay justo, ni aun uno. (Rom 3:10-18)

Ahora podemos ver que el mal no es ningún virus, ningún cáncer o algo raro que el hombre pueda inventar, el mal es la desobediencia del hombre al mandamiento de Dios, la realidad es que lo que ha traído todo el mal que conocemos y vemos es solo y únicamente la desobediencia del hombre a su creador. Y vamos a contestar las preguntas que se hicieron al principio para poder llegar al propósito de este capítulo y es el de llevar al lector a entender que necesita de Jesucristo para poder limpiarse de todo mal y poder alcanzar la vida eterna, si de alguna manera le gustaría obtenerla, pues ese es nuestro anhelo que cada hombre que lea este libro sea alcanzado y tocado por Dios para ser salvo.

La maldad del pecado en nuestros días

El hombre por si solo se ha determinado o ha valorizado de alguna manera a lo que la Biblia llama pecado, tanto es lo que lo hemos tolerado que la maldad ha llegado a un punto donde el pecado forma parte normal de la vida aun de los cristianos, llegándose a catalogar como parte de la vida normal del cristianismo. Los cristianos debemos entender que una vida de pecado no puede alcanzar la vida eterna que Dios ha prometido a los que le aman o se guardan en santificación para Él. Isaías 59:2 Una vida de pecado no puede agradar a Dios de ninguna manera. Pero debemos entender esto: Cuando el hombre comete pecado, debe entender que eso no le hace ser un pecador, el robar, matar, mentir, adulterar, etc. Eso no le hace ser un pecador al ser humano, el ser humano debe entender que si comete pecado es porque el mal está en él, es como cualquier enfermedad, cuando estornudas, se te tapa la nariz, sientes dolores en el cuerpo y no quieres ir a trabajar, no es que tú quieras hacer eso o tener eso, no" es que la enfermedad está en ti, el pecado es lo mismo, por eso siempre al pecado se le relaciona con la enfermedad, porque es muy parecido, el que tengas las narices tapadas o sientas dolores en tu cuerpo es porque la enfermedad está en ti, el que actúes contrario a la voluntad de Dios y no obedezcamos los mandamientos de Dios es porque el mal está en nosotros, el Apóstol Pablo fue exactamente lo que dijo cuando dijo en Romanos 7:21 "Así que, queriendo yo hacer el bien, hallo esta ley: que el mal está en mí". Teniendo en cuenta esto o entendiendo esto, podremos entonces nosotros saber con claridad que la naturaleza del pecado se encuentra dentro de nosotros y que por ende si queremos agradar a Dios o alcanzar la salvación es necesario buscar el antídoto, que pueda eliminar al pecado que vive en nosotros, queremos ser diferentes, queremos la vida eterna, queremos sentir paz en nuestro corazón, queremos la salvación, Si la palabra de Dios dice que ninguna cosa inmunda o que haga abominación y mentira puede entrar al reino de Dios. Ap 21:27

Necesitamos entender que es necesario arrepentirnos y renunciar a todo pecado y dar nuestras vidas al Señor Jesucristo como lo marcan las Escrituras, para que la sangre de Jesucristo nos limpie de todo pecado y su amor nos perdone y poder así ser justificados delante del Padre para que nuestro nombre se escriba en el libro de la vida y alcanzar así la vida eterna. Romanos 10:8–10, Hebreos 9:22 y 2 Corintios 5:17

Ahora abramos nuestro entendimiento y tengamos un poco de paciencia y analicemos las preguntas planteadas al principio:

¿Qué es el mal?

¿Cuál es la naturaleza del mal?

Todas las personas nos hemos acostumbrado a hablar de actos malos, (Asesinatos, torturas, etc.), de gente mala, libros malos, hechos malos como huracanes etc., pero:

¿Qué hace que todo esto sea malo?

¿Cuál es el mal cuando lo miramos por sí mismo?

Algunos han dicho que el mal es una sustancia que agarra ciertas cosas y las hace malas (Como un virus que afecta un animal) o que el mal es una fuerza rival en el universo, como el lado oscuro de la vida, ha habido persona que dicen que el mal no existe que solo existe lo positivo y lo negativo o que el mal somos nosotros, no estando tan errados de la realidad. Ahora si Dios hizo todas las cosas, entonces también creó el mal.

El argumento parece ser así:

1. Dios es el autor de todo (Porque por Él fueron creadas todas las cosas, sean tronos, sean imperios, sean dominios, todo fue hecho por Él y para Él. etc.).
2. El mal es algo.
3. Por lo tanto, Dios es el autor del mal.

El punto número uno, por lo menos entendemos que es verdad, ahora si un hombre carece de la habilidad para ver, eso es malo en sí mismo, si una persona carece de la bondad de su corazón y el respeto por la vida humana, entonces puede asesinar. El mal es, en realidad un parásito que no puede existir excepto como un hoyo en algo que debería ser sólido, como nosotros podemos ver el mal a nuestro alrededor, como lo catalogamos o como lo analizamos. ¿Cuál es nuestra perspectiva del mal?

En algunos casos el mal es explicable fácilmente, tal como sucede con las malas relaciones, si escojo un buen revolver, le pongo una buena bala, la apunto a mi cabeza, pongo mi dedo en el gatillo y la disparo contra la cabeza de una persona, resulta en una muy mala relación...

Las cosas involucradas en este caso no son malas en sí mismas, pero esa relación entre las cosas buenas carece de algo. En este caso la falta o carencia se da porque las cosas no se usan como debieran usarse, los revólveres no se hicieron para matar indiscriminadamente, mi cabeza no fue hecha para usarse como tiro al blanco. Claro que no, ¿dónde está el mal entonces? En realidad, si vemos las cosas desde un punto de vista original, todo fue hecho para ser bueno. Pero el hombre no alcanza a ver tal maravilla, por el mismo mal que no le ha permitido.

Pues ese mal le hace airarse contra su hermano, le hace tener odio, rencor, envidia, celos, pleito, y muchas cosas como estas.

Eclesiastés 3:11 Todo lo hizo hermoso en su tiempo; y ha puesto eternidad en el corazón de ellos, sin que alcance el hombre a entender la obra que ha hecho Dios desde el principio hasta el fin.

Parte de estas preguntas y respuestas fueron tomadas del libro "*Cuando los escépticos preguntan*", de Norman Geiser y Ron Brooks.

Entonces: ¿De dónde vino el mal?

En el comienzo era Dios y Él era perfecto, luego el perfecto Dios hizo un mundo perfecto. ¿Entonces como entro el mal en esta película?

Resumamos así el problema:

4. Toda criatura que Dios hizo es perfecta.
5. Pero las criaturas perfectas, no pueden hacer lo que es imperfecto.

Pero si Adán y Eva eran perfectos. ¿Cómo cayeron?

No le echemos la culpa a la serpiente, porque eso hace retroceder un paso a la cuestión, porque acaso, ¿No hizo Dios perfecta a la serpiente?

Algunos han dicho que debe haber una fuerza igual a Dios o fuera de su control o quizá Dios no sea bueno después de todo, pero quizá la respuesta se halle en la idea misma de la perfección.

6. Dios hizo todo perfecto.
7. Una de las cosas que Dios hizo perfecto fueron las criaturas libres.
8. El libre albedrío es la causa del mal.
9. Entonces la imperfección (El mal) puede surgir de la perfección (No directa sino indirectamente).

Debemos entender y estar claros que una de las cosas que hace que los hombres (y Ángeles) sean moralmente perfectos es la libertad. ¿Qué es la libertad? Es el libre albedrío que Dios en su soberanía dio a toda su creación, incluyéndonos nosotros, con el libre albedrío tenemos la opción real sobre lo que hacemos. Dios nos hizo así para que podamos ser como Él, y podamos amar libremente, el libre albedrío y el amor es el supremo bien en cuanto a criaturas libres. (El amor forzado no es amor en absoluto) ¿Cierto?

Cuando usted experimenta el amor sin tener que forzar a alguien a que lo ame y la persona le corresponde, puede darse cuenta que, es lo más grandioso que puede experimentar el ser humano, cuándo como hijos de Dios experimentamos el amor de Dios en toda su plenitud y con toda libertad también nosotros le correspondemos voluntariamente sin ser forzados, todo nuestro amor es para Él. Esto pareciera una paradoja, el mundo sufre por falta de amor y en Cristo hay en abundancia.

Dios nos creó con el libre albedrío, y al crearnos así, Él también permitió la posibilidad del mal. Para ser libres no solo debíamos tener la oportunidad de escoger el bien, sino también la habilidad de escoger el mal. Ese fue un riesgo que Dios se tomó a sabiendas...

¿Qué es el libre albedrío? Es la habilidad para efectuar una decisión no forzada entre dos o más alternativas. Por favor entendamos que eso no vuelve responsable a Dios por el mal, es cierto: Dios creó el hecho de la libertad dándonos la opción de escoger, pero nosotros desempeñamos o realizamos los actos de libertad.

Dios hizo posible el mal... Los hombres lo hicimos real y presente.

La imperfección (El mal) provino del abuso de nuestra perfección moral en cuanto a criaturas libres.

San Agustín de Ipona en tercero y cuarto siglo declaró que Dios tenía tres opciones a saber:

10. Dios en su soberanía no hubiera creado nada, Él estaba bien con sus ángeles y su creación celestial.

11. Él pudo haber creado robots que le alabaran en todas horas y en todo momento y que hicieran todo con solo aprensarles un botón.

12. Él pudo crear al hombre dándole libre albedrio para darle la opción de escoger donde quiere pasar la eternidad.

Ahora, se aplica el mismo caso a la serpiente, Dios hizo a Lucero, la más bella de todas las criaturas con la perfección del libre albedrío. Lucero se rebeló contra Dios, pauta para cualquier pecado posterior, Algunos preguntan: ¿Quién hizo pecar a Lucero? Nadie fuera de su libre albedrío, él mismo fue la primera causa del mal y no se puede retroceder más allá de eso. (Isaías 14:14)

Cuando nosotros pecamos, en definitiva somos la causa del mal que hacemos, por nuestra propia voluntad, nadie va a forzarnos a hacerlo aunque el mal está en nosotros, tenemos la opción de decirle no, ya cuando no puedo dejar de hacer lo malo entonces debemos entender que Cristo sabe nuestra condición: Salmo 103, 14 "Porque él conoce nuestra condición; se acuerda de que somos polvo..." y nosotros mismos lo tenemos que saber porque nosotros mismos somos los que lo estamos viviendo, el que no queramos reconocerlo, no hace responsable a Dios por las cosas que nos pasan, nuestra propia conciencia nos delata.

Ahora: ¿Por qué no se puede parar el mal? Esta pregunta resuena todavía en los pasillos de las universidades:

1. Si Dios fuera toda bondad, destruiría el mal.

2. Si Dios fuera Omnipotente, Él podría destruir el mal.

3. Pero el mal no es destruido.

4. Entonces no hay tal Dios.

¿Por qué Dios no ha hecho algo al respecto del mal? Si pudiera y quisiera hacer algo ¿Por qué seguimos teniendo tanto mal? ¿Por qué es tan persistente? Y no vemos que vaya disminuyendo...

Hay dos respuestas a estas preguntas:

1- El mal no puede ser destruido sin destruir la libertad, como dijimos antes, los seres libres somos la causa del mal, y la libertad se nos fue dada para que pudiéramos amar, que es el mayor bien de las criaturas libres. El Amor es imposible sin la libertad De modo que, si la libertad fuere destruida, ya que es el único modo de terminar el mal, eso sí sería malo en sí mismo, porque privaría de su supremo bien a las criaturas libres.

De ahí que destruir el mal sea realmente malo, si el mal va a ser superado, tenemos que hablar de derrotarlo y no de destruirlo, como hombres comunes podemos hasta cierto punto rehusarnos a hacer el mal, pero el verdadero mal ya vimos que está dentro del ser humano, (que dijo Pablo: "El mal está en mi") es por eso que como humanos débiles no podemos hacerle frente. Dice la palabra de Dios que para eso apareció el hijo de Dios, para deshacer las obras del diablo, como ya hemos aprendido que el mal vino por la mala decisión que hizo Eva y Adán usando su libre albedrio al obedecer al diablo o a la serpiente antigua que es lo mismo, veamos que dice 1 Juan 3:8 El que hace pecado, es del diablo, porque el diablo peca desde el principio. Para esto apareció el hijo de Dios, para deshacer las obras del diablo. Solamente con las armas que Cristo nos ha dejado en su palabra es que podemos derrotarlo continuamente, pero no destruirlo.

El argumento contra Dios a partir del mal plantea ciertos arrogantes. Justamente porque el mal no es destruido ahora mismo, no significa que Dios no vaya a acabar con el algún día. Dios aún no ha terminado el capítulo final, Dios tiene un plan perfecto que está trazado en su hermosa Palabra, solo es cuestión de leerla y escudriñarla para poder saber cuándo Dios acabara con el pecado. Leamos lo que dice una profecía de Daniel para estos tiempos:

> *"Setenta semanas están determinadas sobre tu pueblo y sobre tu santa ciudad, para terminar la prevaricación, y poner fin al pecado, y expiar la iniquidad, para traer la justicia perdurable, y sellar la visión y la profecía, y ungir al Santo de los santos". (Daniel 9:24).*

Esta profecía está delante de nuestros ojos, al pecado ya se le termina su hora en la semana setenta de Daniel, el estudio de las setenta semanas proféticas de Daniel es un estudio muy hermoso.

Ahora vemos que es evidente que Dios prefiere entendérselas con nuestras voluntades rebeldes, que reinar sobre rocas y árboles. Siempre anhelando que invoquemos su nombre para salvación, pues él no quiere que ninguno se pierda, sino que todos procedamos al arrepentimiento de nuestros pecados y alcancemos la vida eterna en Cristo Jesús Señor nuestro (2Pedro 3:9).

"Y todo aquel que invocare el nombre del Señor, será salvo". (Hechos 2:21).

Amigo lector si no has tenido el privilegio de conocer a Jesús, el dador de la vida, quisiera invitarte a que lo hagas por medio de una oración sincera, solo quiero darte otros versículos más para confirmar que su palabra es la verdad y que en Él, tú estarás seguro:

"Venid luego, dice Jehová, y estemos a cuenta: si vuestros pecados fueren como la grana, como la nieve serán emblanquecidos; si fueren rojos como el carmesí, vendrán a ser como blanca lana". (Isaías 1:18).

"Así que, arrepentíos y convertíos, para que sean borrados vuestros pecados; para que vengan de la presencia del Señor tiempos de refrigerio". (Hechos 13:19).

"Y en ningún otro hay salvación; porque no hay otro nombre bajo el cielo, dado a los hombres, en que podamos ser salvos". (Hechos 4:12).

Dile al Señor en tus propias palabras que te arrepientes de tus pecados que te perdone y que renuncias a tu vida pasada y que hoy entregas tu vida a Él, y dile que escriba tu nombre en el libro de la vida del cordero Amén.

Si no eres cristiano y decides entregar tu vida a Cristo, debes entender que el tiempo que tenemos es demasiado corto en esta tierra, y es necesario que te aferres a leer su palabra con todo tu corazón y que te acerques a una iglesia donde se predique al Padre al Hijo y al Espíritu Santo, pídele a Dios que te guie a una iglesia, y recuerda siempre que somos hijos de Dios y que Dios nos ha dado instrucciones, para que como hijos justificados del pecado, vivamos por fe en su sacrificio, que es donde se desprende nuestra victoria, revisa estos versículos:

"Más el justo vivirá por fe; Y si retrocediere, no agradará a mi alma. Pero nosotros no somos de los que retroceden para perdición, sino de los que tienen fe para preservación del alma". (Hebreos 10:38).

"Porque en el evangelio la justicia de Dios se revela por fe y para fe, como está escrito: Más el justo por la fe vivirá". (Romanos 1:17).

"Y que por la ley ninguno se justifica para con Dios, es evidente, porque: El justo por la fe vivirá". (Gálatas 3:11).

La fe en la palabra de Dios es, y ha sido siempre la victoria del cristiano, para pelear contra nuestro enemigo, para mantener nuestra salvación, para santificarnos, para pedir a Dios lo que necesitemos, y para vivir cumpliendo la misión de Dios.

Hebreos 11:6 "Pero sin fe es imposible agradar a Dios; porque es necesario que el que se acerca a Dios crea que le hay, y que es galardonador de los que le buscan". (Judas 24-25)

Dios siempre recompensará tu fe cuando le crees con todo tu corazón, no importa si se tarda en responder pues en esto se confirma la fe, en esperar a su bendita respuesta, pero de una cosa si estamos bien seguros Él va a responder pues no es hombre para que mienta, ni hijo de hombre para que se arrepienta de lo que ha prometido a todos los que le hemos aceptado como nuestro único y suficiente Salvador. Una vez más te insto a que ames la Palabra, y la practiques ya que es el bálsamo para nuestra vida sin ella el hombre estaría perdido solo en el universo, pero no estamos perdidos, tenemos al creador de nuestro lado y es suficiente para guardarnos sin caída hasta el día que Él venga por nosotros o nos llame cuenta.

Consciente "o" inconsciente

"Entonces fueron abiertos los ojos de ambos, y conocieron que estaban desnudos; entonces cosieron hojas de higuera, y se hicieron delantales". (Génesis 3:7).

(Entonces fueron abiertos los ojos de ambos, y conocieron que estaban desnudos; entonces cosieron hojas de higuera, y se hicieron delantales)

Vivimos en un mundo donde la mayoría de la gente hemos sido afectados por las vicisitudes de la vida, me refiero a que hemos sido afectados por los problemas familiares, de trabajo, de escuela, de iglesia, de amigos, aun hemos sido afectados por la misma autoridad, o sea la policía que supuestamente esta para cuidar del ciudadano, hemos sido afectados por el gobierno de alguna manera, en fin, nuestras mentes, nuestros cerebros, han estado expuestas a multitud de mentiras, maldades y aberraciones, que han afectado nuestra manera de ver las cosas, han afectado nuestra manera de comportarnos los unos con los otros, en el ámbito social, familiar y académico, se han afectado las relaciones personales e interpersonales en la sociedad, distorsionando así la confianza que existía o debería existir entre los seres humanos.

El día de ayer miré un video en YouTube como hay miles, en este caso donde la víctima exponía la injusticia a la que fue sometida y entre lágrimas y más lágrimas trataba de explicar todo lo sucedido, ella es una azafata de una línea aérea y declaraba que había ido con su capitán y otros cuatro trabajadores a un lugar, dos mujeres y dos hombres, ella y el capitán y que habían ido a comer algo y de allí se fueron a un bar donde el capitán trato de besarla sin su consentimiento, y que también trataron de darle licor a la fuerza, pero ella de alguna manera luchó para no tomar nada. Después del bar salieron para el hotel donde platicaron un rato y después ella se fue a dormir, pero estando ella dormida dice que la despertó un ruido muy fuerte y era el empuje de la puerta de alguien que intentaba entrar a su habitación, pero que no pudieron entrar porque la puerta tenía el seguro de cadenita, porque aúnque abrieron con la llave, el seguro de cadena no permitió que se abriera la puerta, pero ella dice que insistieron un rato hasta que ella llamó a recepción y dio el reclamo de que alguien intentaba entrar a su habitación. Al siguiente día ella va a recepción y pide ver el video, y cuando lo mira se da cuenta que era el capitán forcejeando la puerta para poder entrar, ella dice que él quería entrar para violarla pues lógicamente no se puede pensar en algo más, (estoy tratando de minimizar todo lo que ella declaró), después ella en su trabajo hizo la queja correspondiente de lo sucedido ante sus autoridades superiores "respaldada" por otros capitanes de alto rango para que dijera lo que había pasado en el hotel, cuando ella va a quejarse y a exponer el reporte, se lo aceptaron.

Pero después de algunos días la vuelven a citar y las mismas personas que le dijeron que la iban a apoyar la estaban declarando que ella tenía esquizofrenia y que estaba loca, y apoyaban al capitán y a las otras cuatro personas que testificaban en contra de ella. A saber, ella está declarando detalladamente todo lo sucedido en un video y lloraba de impotencia por no poder hacer nada en contra de la situación que ella estaba pasando.

Ahora bien: ¿Qué pensamiento nos viene al escuchar este testimonio o declaración de esta victima? Cuál será nuestro veredicto, es cierto, usted tal vez no vio el video o tal vez si lo miró, ya que se hizo viral por internet, todo para poder declarar algún veredicto, pero también es cierto que podemos pensar que tal vez ella lo provoco, o tal vez ella debe ser escuchada y que echen al capitán y que los otros cuatro sean sancionados, Ud. y yo creo que ya en este tiempo hemos mirado casos similares de injusticia, de impotencia y hasta de personas que solo fingen ser víctimas y que resultan ser los protagonistas en este tipo de casos. Lo que estoy tratando de decir al exponer en este libro este caso, es que nuestras mentes han sido expuestas diariamente a mirar, la injusticia, el fraude, la extorsión, la ambición de poder, el asesinato, el abuso de autoridad, la mentira, la corrupción, la inmoralidad, el chantaje, y añadiendo a esto tenemos también la pornografía no solo de adultos, sino infantil a gran escala, tanto que los adultos se han enloquecido por tener jóvenes, destruyendo así los matrimonios de una manera alarmante. También, tenemos la drogadicción, ya no basta que el consumo de alcohol y el uso de cigarro sean legales y que cobra miles de vidas anualmente y destruya los hogares, ahora se legaliza la droga, todo esto es lo que vemos diariamente en el trabajo, en la tienda, en las fiestas, en los bares, en nuestra televisión, con nuestros "amigos" en la iglesia, en los teatros o cines, en la supuesta "Ley" hablando de la policía, y de gobierno, en los lugares donde menos pensamos allí esta alguna de estas cosas que hemos mencionado:

¿Por qué?

Porque, aunque no lo reconozcamos hemos sido títeres del pecado que está en nosotros, aunque no queramos aceptarlo, es una realidad, la humanidad ha sido esclava del pecado por mucho tiempo, esta arma llamada pecado que el diablo ha estado usando y la ha apoyado para que seamos sus víctimas, sin que la humanidad se dé cuenta. A la humanidad se le ha cegado el "entendimiento" para que no le resplandezca la luz del evangelio de Dios en su corazón, (2 Corintios 4, 4) todos los hombres y mujeres en el mundo estamos conscientes de antemano que toda esta lista de maldades han y están destruyendo nuestra sociedad, a veces nos sentimos impotentes ante tanta maldad por no poder hacer nada, y lo único que hacemos es cerrar nuestros ojos, y tratar de callar nuestras conciencias, y llegamos a un punto donde ya todo pareciera ser normal, lo sabemos, pero preferimos callar la verdad y al mismo tiempo callamos también nuestra conciencia de que hay un Dios, esto no lo podemos negar, si, lo podemos ver, y lo sabemos, pero no logramos entenderlo, porque tal pareciera que la injusticia reina sobre la justicia, y allí nace la impotencia y el pensamiento de: "no puedo hacer nada" la verdad es que, lo que el mundo no "entiende" es el mandamiento de Dios que está escrito en su palabra con el cual seremos juzgados en un día, en el cual ningún ser humano escapara de este juicio. Ya la humanidad está viendo todo lo malo como si fuera bueno o algo normal y lo bueno lo está viendo como si fuera malo, por ser expuesto a todo esa maldad diariamente, (Isaías 5, 20), esto es una ley que se establece en la mente, de manera inconsciente cuando algo es repetitivo en tu vida llegas a aceptarlo hasta cierto punto como normal, sin embargo sabemos que no es normal, porque no podremos callar a nuestra conciencia dentro de nosotros, aunque el pecado en nosotros quiera callar nuestra conciencia y a veces casi lo logra, hay algo muy dentro de nosotros que nos dice que lo que hacemos no está bien, y eso es porque tenemos un Creador, Dios todopoderoso que ama el bien y es el autor del bien y dueño de todo lo que existe, aunque no todos lo aceptan, pero todos estamos conscientes y lo sabemos, aunque muchos lo rechazan, aun así lo saben, (pero no lo entienden) y prefieren seguir el camino del mal, haciendo uso de su libre albedrío que el mismo Dios puso en nosotros, lo que si debe quedar bien claro en las mentes de todo ser humano que existe sobre la faz de la tierra, que nadie absolutamente nadie escapará del juicio de aquel que nos ha prestado la vida al crearnos conforme a su imagen y a su semejanza.

La Conciencia

(Esta definición ha sido tomada de los escritos de Joe Carter).

La conciencia es una capacidad racional interna que da testimonio de nuestro sistema de valores.

Hace algunas décadas, una figura común en comedias y dibujos animados era el ángel/diablo sobre el hombro. El conflicto interno de una persona fue personificado por tener un ángel que representa la conciencia en el hombro derecho y un diablo que representa la tentación en el hombro izquierdo. Este tipo de imágenes folclóricas dio a la gente la falsa impresión de que la conciencia era como una sala interior, en la cual una persona puede escuchar la voz de Dios (una "buena conciencia") o el diablo (una "mala conciencia).

Una visión más bíblica es considerar al hombro ángel/diablo como testigos representantes de nuestro sistema de valores interno. Nuestra conciencia es una parte de nuestras facultades internas dadas por Dios, un sentido interno fundamental que da testimonio de las normas y valores que reconocemos al determinar bien o mal. La conciencia no opera como juez o legislador, los cuales son versiones modernas del concepto. En cambio, en el sentido bíblico, la conciencia sirve como un testimonio de lo que ya sabemos.

"Mostrando la obra de la ley escrita en sus corazones, dando testimonio su conciencia, y acusándoles o defendiéndoles sus razonamientos". (Romanos 2:15).

"Verdad digo en Cristo, no miento, y mi conciencia me da testimonio en el Espíritu Santo". (Romanos 9:11).

La conciencia puede inducir un diálogo interior para decirnos lo que ya sabemos, pero más a menudo simplemente se hace presente a través de nuestras emociones. Cuando nos conformamos a los valores de nuestra conciencia sentimos una sensación de placer o alivio. Pero cuando violamos los valores de nuestra conciencia, nos induce angustia o culpabilidad.

John MacArthur describe la conciencia como "un sistema integrado de alerta que nos indica cuando algo que hemos hecho está mal. La conciencia es a nuestras almas lo que los sensores de dolor son a nuestros cuerpos: inflige sufrimiento en la forma de culpabilidad, cuando violamos lo que nuestros corazones nos dicen que es correcto.

La conciencia en sí, es el punto sentimental, emocional completo del ser humano para ser guiado a hacer el bien, basado en los valores que Dios mismo le dio al ser humano para que se valorizará como persona, y pudiera valorizar a su prójimo, Dios lo puso en todo ser humano aunque no está exento de errores, pues el pecado ha ganado mucho terreno en nosotros, a que me refiero: a que nuestra conciencia no puede ser del todo confiable, pues a veces nos lleva a elegir o a hacer cosas que están sobre la voluntad de Dios, cometiendo así, pecado, y esto sucede por la mala información y los conceptos erróneos que hemos adquirido en nuestros años de vida y entonces esta información y estos conceptos los hemos abrazado como verdad en nuestra mente.

Nuestra conciencia puede estar mal informada y podemos basarnos en esa información errónea y de allí actuar pero no conforme a la voluntad de Dios, o no conforme a los valores que Él mismo puso en cada uno de nosotros, sino que la base de lo que hacemos está en base de nuestra propia voluntad, y no conforme a las Sagradas Escrituras que son la regla primaria y única para verificar los valores, no solo morales sino eternos y que dan vida y vida eterna por eso es muy importante que el hombre escudriñe la Palabra de Dios, ya que toda verdad debe estar basada y correlacionada en la Palabra de verdad que Él nos dejó en su Santo Libro; La Biblia.

El pecado y todas las maldades derivadas de lo que a diario vemos en nuestra sociedad, han cegado el entendimiento de las personas, (2 Corintios 4:4), alejándolas así de su verdadero valor y propósito de vida por el cual fueron creadas.

No tiene que ser así, podemos decir con certeza que todo lo que hemos dicho es verdad, si, es verdad que el pecado ha trabajado horas extras para tener a la humanidad como la tiene y aun va por más, porque su trabajo es acabar con la obra de Dios en el hombre, pero no podemos seguir permitiendo que siga poniendo a los padres contra los hijos y a los hijos contra los padres, de igual manera en el matrimonio, los esposos contra las esposas y las esposas contra los esposos y así sucesivamente en los familiares segundos y amigos y en la sociedad completa. Basta de aceptar lo que nosotros sabemos que no está bien delante de los ojos de nuestro Dios.

Influencia negativa

Es difícil contender contra el patrón de trabajo en la construcción, en la oficina o en cualquier corporación de alta influencia en los negocios, cuando hace algo malo o acepta como bueno algo malo, en lo personal hemos visto personas que tienen clientes homosexuales, patrones homosexuales, y hasta familiares homosexuales que aceptan como bien el homosexualismo, hemos hablado con ellos y declaran que en un estudio científico publicado recientemente que las preferencias homosexuales de una persona tienen un origen biológico y no tanto psicológico, como los sostienen los psicoanalistas. (Quiero que quede claro que amamos a las personas como tales, pero no aceptamos el pecado de homosexualismo que hay en ellos) y sabemos por testimonios vivos que ni ellos mismos lo aceptan, pero han sido atrapados por ese pecado del cual es muy difícil de poder liberarse, pero tampoco es imposible. (Espero que, si algún homosexual o lesbiana lee estas palabras, entienda mi punto de vista, estoy tratando de decirlo con mucho respeto y amor hacia esa comunidad, y sobre todo con mucha esperanza).

De igual manera, cuando les inducen a decir alguna mentira, para mantener su trabajo, o a hacer algo deshonesto, muchas de las personas lo hacen por tal de no perder su trabajo y así sucesivamente, con el aumento de sueldo con subir a una mejor posición, por estar bien con los jefes de trabajo, a veces se hacen cosas que van totalmente en contra de la moral, y de la conciencia misma, así es como trabaja exactamente el pecado para reinar y hacer de los hombres sus marionetas, en otras palabras sus esclavos, muchas personas lo hacen por la ambición del dinero. También nos ha tocado compartir con algunas personas, que no les importa el mentirle a un supuesto amigo con tal de lograr más dinero del que ya tienen.

El problema es que ellas mismas creen que están bien, porque los conceptos y la información que le han puesto a su conciencia son basados en el egoísmo que es pecado conforme a la Biblia, todos los que hacen estas cosas tienen conceptos muy arraigados de lo que creen, aunque sus conciencias les da testimonio, de lo que es bueno y lo que es malo y sus propios pensamientos los acusen, (Romanos 2:15), aun así, siguen aferrados a sus conceptos erróneos, tratando de callar la voz de la conciencia, con tal de alcanzar egoístamente lo que quieren, y algunos de ellos van a la iglesia y siguen teniendo los conceptos distorsionados.

De igual manera me tocó escuchar a alguien el otro día, ella es una persona que va a la iglesia y ella me dijo que la marihuana, Dios la había hecho crecer para bien, porque se dice que es medicinal y que ella la fuma con su esposo porque tienen demasiado trabajo y que a veces cargan mucho estrés y que el fumar un cigarro de marihuana es relajante y le ayuda mucho terapéuticamente. Así podemos citar muchos casos, donde tanto los hombres como las mujeres, los jóvenes y hasta los "niños" están siendo gobernados por el pecado, y mucha gente no se da cuenta, está delante de nuestros propios ojos, y no lo queremos ver, ¿Qué está pasando?

Nuestra generación

Estamos viviendo por lo que se ve; la última generación, el último tiempo, el tiempo del fin, el fin del siglo o como usted quiera llamarle, pero es inadmisible lo que está sucediendo en nuestros tiempos, los matrimonios que son el fundamento de la sociedad, han sido atacados con tal fiereza que se ha perdido mucha autoridad de parte de los padres, esta influencia poderosa de la pornografía y la drogadicción en todo su sentido óptico y práctico es inevitable, la encontramos por todas partes que vamos o por cualquier programa de televisión, en cualquier película sea en el cine o en televisión, aun en las mismas noticias, en los anuncios por internet, por celular, tal pareciera que no hay lugar en el cual no se encuentren estos tipos de anuncios incitando a la juventud y a todo aquel que mira, al sexo y a la droga e influenciándolos en gran manera a la rebeldía, y esto ha hecho que los hombres de los hogares, y todo tipo de hombres piensen en jóvenes de una manera incontrolable y las jóvenes se han vuelto o han tomado la vida liberal en sus manos, sobrepasando así la autoridad de sus padres, ellas solo piensan en tener y tener más, vivir en algo que ellas llaman comodidad en todos los aspectos de la vida, engañadas por el pecado piensan que es lo mejor de la vida y cuando pasan los años se dan cuenta que han cometido un gran error porque han empezado desde muy jóvenes la prostitución, un mundo parecido al de las drogas donde es muy difícil salirte, sin que tu mente este de alguna manera atrofiada por haber corrompido la moral hasta lo más bajo, pasa en los momentos perfectos donde sienten una necesidad incontrolable de tener los lujos y el dinero y piensan que eso es lo que aman, y es así mismo después del tiempo con lo que tratan de calmar sus conciencias.

"Porque de estos son los que se meten en las casas y llevan cautivas a las mujercillas cargadas de pecados, arrastradas por diversas concupiscencias". (2 Timoteo 3:6).

Después que han sido atrapadas por ese bajo mundo de miseria moral le dan rienda suelta a sus deseos pasionales y de poder, tanto esas chicas como los matrimonios que han sido afectados por todo este libertinaje creado por el pecado en los medios de información más sobresalientes, han tenido consecuencias desastrosas en los hogares, teniendo así los centros de rehabilitación y oficinas gubernamentales y privadas de psicología y para la depresión y la ansiedad y todo problema psicológico, llenos de clientes, y muchos de ellos no logran o no van a un lugar de rehabilitación y simplemente, aceptan lo sucedido, y el patrón se vuelve a repetir una y otra vez, hasta que se forma en ellas y ellos un estilo de vida tanto de las hijas e hijos haciendo lo que quieren, como el de las esposas engañadas y los maridos haciendo de las suyas, o viceversa, la pregunta en todo esto sería; ¿Dónde quedó la conciencia? ¿Estamos viviendo una generación donde la conciencia se ha corrompido, se le ha callado, o se le ha matado?

"Todas las cosas son puras para los puros, más para los corrompidos e incrédulos nada les es puro; pues hasta su mente y su conciencia están corrompidas.

¹⁶ *Profesan conocer a Dios, pero con los hechos lo niegan, siendo abominables y rebeldes, reprobados en cuanto a toda buena obra". (Tito 1:15–16).*

Aunque nuestra conciencia nos redarguye en lo más profundo de nuestro ser, el pecado hace que la rebeldía en toda su plenitud se sobreponga a la conciencia y la corrompa y la calle dentro del ser humano, y así es como el mundo cada día se sumerge en las garras del pecado, sintiéndose; triste, vacío, solo, desamparado, defraudado por su misma raza e impotente de poder hacer algo al respecto, y el pecado siempre cuando ve esta condición en el ser humano, cual animal que huele el miedo para atacar y destrozar a su presa, así el pecado se ensaña con la gente y la engaña aún más, haciéndole creer que nadie la va a ayudar, y aquí pueden suceder dos cosas a saber:

Primero, la hunde más en la depresión a tal modo de destruirla, y si puede llevarla al suicidio que es en sí su meta la lleva; y segundo, le hace ver que él o ella pueden levantarse por ellos mismos, que no necesitan ayuda de nadie.

Cuando esto pasa en los hombres y mujeres que se logran levantar aun de lo más bajo y logran cosas grandes ya estando en la cima sus conciencias se han cauterizado, pensando que no necesitaron de nadie y por tanto piensan que lo que ellos han logrado, lo han logrado por ellos mismos, piensan que ellos con sus propias fuerzas lo han logrado, y se conceptualizan en su mente que no necesitaron de Dios ni de nadie, y esto los lleva a no confiar en nadie mucho menos en Dios. El pecado les enfatiza en sus mentes y conciencias que no necesitan a Dios, les dice: El no estuvo allí cuando lo necesitaste. Aunque no podemos generalizar, porque si hay personas que reconocen que fue Dios quien les ayudo, pero el concepto de apatía se mantiene en la conciencia si no ha tenido un verdadero encuentro con el Señor Jesucristo.

Pues este es el punto primordial del pecado que: "no confíes en Dios" ignorando así, que toda vida humana depende de Dios y el mismo la preserva con un propósito, y este propósito es que le conozcan a Él y a Jesucristo a quien Él envió para dar su vida en rescate por toda la humanidad. Juan 3:16.

El engaño del pecado ha tomado tanta fuerza en esta generación, que hay hombres y mujeres que con conciencia del bien y del mal y sabiendo que existe un Dios que un día juzgará al mundo con justicia, ellos saben de todo lo que va a acontecer acerca de los juicios de Dios y aun así rechazan al único Dios verdadero y se rebelan contra su propio Creador el cual es bendito por los siglos.

"Y como ellos no aprobaron tener en cuenta a Dios, Dios los entregó a una mente reprobada, para hacer cosas que no convienen;

29 estando atestados de toda injusticia, fornicación, perversidad, avaricia, maldad; llenos de envidia, homicidios, contiendas, engaños y malignidades;

30 murmuradores, detractores, aborrecedores de Dios, injuriosos, soberbios, altivos, inventores de males, desobedientes a los padres,

31 necios, desleales, sin afecto natural, implacables, sin misericordia;

32 quienes, habiendo entendido el juicio de Dios, que los que practican tales cosas son dignos de muerte, no solo las hacen, sino que también se complacen con los que las practican". (Romanos 1:28–32).

¿No se le hace familiar este cuadro?

Por esto todo hombre es inexcusable delante de los ojos del Creador.

¿Qué vamos a hacer?

Es de suma importancia que atendamos sin más demoras al mandamiento de Dios en su Palabra, ya que es la única revelación dada por el Padre para la salvación de la humanidad, por eso leemos en su Palabra:

Pero Dios que es rico en misericordia por su gran amor con que nos amó, aun estando nosotros muertos en pecados, nos dio vida juntamente con Cristo y por gracia sois salvos. Efesios 3:4–5.

Porque de tal manera amó Dios al mundo, que ha dado a su Hijo unigénito, para que todo aquel que en él cree, no se pierda, más tenga vida eterna. Juan 3:16.

Estos versículos de la Palabra de Dios y muchos más nos declaran la misericordia y el gran amor de Dios sobre toda la humanidad, pero hay una verdad y es que hemos sido creados por El y para El, por tanto, es importante saber que El fijo un plan específico para su creación optima, o sea para ti y para mí, por eso su Palabra dice: "Y conoceréis la verdad y la verdad os hará libres".

Juan 8:32 Y conoceréis la verdad, y la verdad os hará libres.

[33] Le respondieron: Linaje de Abraham somos, y jamás hemos sido esclavos de nadie. ¿Cómo dices tú: ¿Seréis libres?

[34] Jesús les respondió: De cierto, de cierto os digo, que todo aquel que hace pecado, esclavo es del pecado.

[35] Y el esclavo no queda en la casa para siempre; el hijo sí queda para siempre.

[36] así que, si el Hijo os libertare, seréis verdaderamente libres.

Alguien en una ocasión, me preguntó lo mismo que los discípulos le preguntaron a Jesús, ¿Libres de qué? Me dijo este hombre, claro estaba que no tenía entendimiento de lo que le estaba hablando, pues así está la mayoría de la gente en esta generación, ignoran que son esclavos del pecado, no porque ignoren el concepto de pecado, sino porque, no conocen la verdadera libertad que se obtiene al ser perdonado y redimido por la sangre del cordero que fue inmolado en la cruz del calvario y esa ignorancia los mantiene esclavos de su propio pecado, no conocen más de lo que su propio razonamiento les ha dado y por ende continúan en sus propios caminos, hemos escrito este libro con el fin de desenmascarar al pecado y que el hombre se dé cuenta que es una marioneta de él, y al mismo tiempo le estamos dando la posibilidad de aceptar la verdad de nuestro Creador para ser libre de todo pecado y de toda maldad, si tan solo rinde su vida a aquel que la dio por él, no hay nada que perder con intentarlo pero en cambio sí hay mucho que ganar.

Es cierto que nuestras conciencias han sido embarradas de pecado y de todo tipo de maldad que tal pareciera que no hay nada que se pueda hacer al respecto, pues déjame decirte que la palabra de Dios es tan certera que nos dice hablando del antiguo tiempo y del tiempo presente:

Porque si la sangre de los toros y de los machos cabríos, y las cenizas de la becerra rociadas a los inmundos, santifican para la purificación de la carne. ¿Cuánto más la sangre de Cristo el cual mediante el Espíritu eterno se ofreció a sí mismo sin mancha a Dios, limpiará vuestras conciencias de obras muertas para que sirváis al Dios vivo? Hebreos 9:14.

Es menester que todo hombre sobre la faz de la tierra conozca esta verdad que lo puede hacer libre de todo pecado que lo esclaviza, los discípulos le dijeron a Jesús: Linaje de Abraham somos y jamás hemos sido esclavos de nadie, ¿Cómo dices tú: ¿Seréis libres? (Juan 8:33). He aquí algo que no debemos de ignorar, y creo que ya hemos hablado suficiente acerca de la naturaleza pecaminosa que hay en todo ser humano y ya para este momento debes entender que de la esclavitud que habla Jesús, no es algo literal, como atarte a cadenas y ponerte a trabajar en las montañas quebrando piedra, "No" esclavo del pecado es estar atado a las mentiras, los robos, el adulterio, la envidia, la fornicación, perversidad, envidia, avaricia, maldad, al homicidio a la contienda, al engaño, a la murmuración, la estafa, es estar atado a la injuria a la soberbia, al orgullo, al chisme etc. Son cosas que no puedes ver físicamente, pero que se pueden manifestar a través de las actitudes de las personas que las posee y de las cuales es esclavo.

Todo esto es pecado, por eso dijo Jesús, el que hace pecado, esclavo es del pecado V34 y sigue añadiendo Jesús: Y el esclavo no queda en la casa para siempre; el Hijo si queda para siempre, así que, si el Hijo os libertare, seréis verdaderamente libres. Satanás mismo es esclavo de su propio pecado, cuando su propio libre albedrio le permitió sentirse semejante al altísimo, el mismo pudo haber desechado ese pensamiento y tal vez pudiera haber sido perdonado, pero no rechazó ese pensamiento de soberbia, sino que lo abrazó, lo acarició y se adueñó de ese pecado que lo esclavizó y lo llevó a condenación hasta el día de hoy, y el mismo trabaja arduamente para que el pecado que él hizo que el hombre abrazara desde el jardín del Edén, siga esclavizando a la humanidad y a través de ese pecado, demonios puedan entrar en las personas y actuar a través de ellas gobernando este mundo a su antojo, por eso vemos lo que vemos hoy día, por eso pareciera como si la maldad reinase sobre esta tierra, como si la injusticia se impusiera sobre la justicia, pero la realidad es que la humanidad ha rechazado al que es poderoso por los siglos de los siglos y siempre lo será, y aunque la mayoría de los seres humanos han rechazado a Dios y Creador de todo lo que existe, eso no lo hace ser menos poderoso, ni aun a sus hijos que hemos aceptado su palabra de verdad, sino todo lo contrario, nos hace más fuertes que nunca y aun a todo aquel que está dispuesto a aceptar su verdad y a arrepentirse de sus pecados y a recibir a Jesucristo como su Señor y su Salvador entra a experimentar la verdadera libertad del pecado que Cristo ofrece a aquel que permanece en su Palabra, ya no más pecado en nosotros, ahora podemos no solo experimentar y disfrutar la libertad en Cristo si no que podemos vivir bajo el poder de su Santo Espíritu y en el tiempo venidero la vida eterna y no la muerte eterna que está programada para todos los que rechazan a su evangelio, recuerda que la sangre de Jesucristo limpia nuestra conciencia de toda obra muerta, al aceptarle como Rey, Dios y Señor de nuestras vidas.

Ha llegado el tiempo de meditar en nosotros mismos como personas, como seres humanos. ¿En qué estado se encuentran nuestras conciencias, ahora mismo? Lo hemos repetido en varias ocasiones en este capítulo de todo lo que está pasando, lo sabemos y tenemos conocimiento de que es lo qué está pasando y porque, y ese es exactamente lo que significa "Conciencia" "Con Conocimiento" "Lo sabemos" pero el problema es que "No lo entendemos", tratamos de pensar que lo entendemos pero nos engañamos a nosotros mismos, seguimos inertes sin poder hacer nada al respecto, pensemos en dónde y como se encuentra nuestra conciencia, o en qué cárcel está o si está esclava de uno o de varios pecados que la están sometiendo a su antojo y empecemos a trabajar en eso ahora, no mañana, digámosle al Señor Jesús con un corazón sincero y quebrantado que perdone nuestros pecados y que limpie nuestras conciencias con su sangre derramada en la cruz del calvario de toda obra muerta para servirle. No permitas que pase otro día más si puedes hacerlo ahora mismo, es tiempo que empieces a disfrutar de una conciencia libre de pecado, nunca te habrás sentido mejor si logras con tu confesión llamar la atención del Padre para que llene de amor tu corazón, para que tu conciencia quede totalmente libre de todo pecado y puedas experimentar algo benditamente hermoso, no hay nada comparable a la experiencia de la salvación y la llenura de su amor en nuestras vidas, y veras que juntos podemos hacer mucho por la gente que no tienen esperanza, porque al hacer esto y experimentar el Nuevo nacimiento en Cristo te estás colocando del lado del Padre, del Hijo y del Espíritu Santo y de su Ejercito angelical que son incontables en número. Espero contar contigo lector y debes saber siempre que nunca más estarás solo, porque también hay muchos creyentes con los que puedes contar y llamar hermanos en todo el mundo, pues también hemos experimentado el Amor del Padre y hemos tenido la experiencia de la salvación y del Nuevo Nacimiento, confesando que Jesucristo ha venido en carne, murió y resucitó al tercer día para darnos vida y vida en abundancia.

Pecado vs Perdón

El camino de la vida es hacia arriba al entendido, para apartarse del infierno abajo.

Sabed, pues, esto, varones hermanos: que por medio de él (Jesús) se os anuncia perdón de pecados. (Hechos 13:38).

(El camino de la vida es hacia arriba al entendido, para apartarse del infierno abajo, por tanto, hermanos, sepan que por medio de Jesús se les anuncia a ustedes el perdón de los pecados)

La historia del hijo pródigo

Había un hombre que tenía dos hijos; y el menor de ellos dijo a su padre: "Padre, dame la parte de los bienes que me corresponde"; y el padre le repartió los bienes. No muchos días después, juntándolo todo el hijo menor, se fue lejos a una provincia apartada; y allí desperdició sus bienes viviendo perdidamente. Y cuando todo lo hubo malgastado, vino una gran hambre en aquella provincia, y comenzó a faltarle el dinero, ya no tenía con que sustentar sus alimentos, Y fue y se arrimó a uno de los ciudadanos de aquella tierra, el cual le envió a su hacienda para que apacentase cerdos. Y este joven empezó a trabajar cuidando cerdos, y deseaba llenar su vientre de las algarrobas que comían los cerdos, pero nadie le daba. ¡Era tanto el mal que sentía estando en esa condición que, volviendo en sí, dijo! "¡Cuántos jornaleros en casa de mi padre tienen abundancia de pan, y yo aquí perezco de hambre! Me levantaré e iré a mi padre, y le diré: Padre, he pecado contra el cielo y contra ti. Ya no soy digno de ser llamado tu hijo; hazme como a uno de tus jornaleros". Y levantándose, vino a su padre. Y cuando aún estaba lejos, lo vio su padre, pues cada día su padre permanecía a la puerta de su casa con la esperanza de que su hijo regresara, y cuando lo vio venir fue movido a misericordia, y corrió, y se echó sobre su cuello, y le besó. Y el hijo le dijo: "Padre, he pecado contra el cielo y contra ti, y ya no soy digno de ser llamado tu hijo". Pero el padre dijo a sus siervos: "Sacad el mejor vestido, y vestidle; y poned un anillo en su mano, y calzado en sus pies. Y traed el becerro gordo y matadlo, y comamos y hagamos fiesta; porque este mi hijo muerto, era, y ha revivido; se había perdido, y fue hallado". Y comenzaron a regocijarse. Esta historia del hijo prodigo, nos relata vívidamente el amor de nuestro Padre celestial, que no importa cuánto hayamos malgastado el tiempo que se nos ha permitido vivir. Él nos ama y nos está siempre esperando con los brazos abiertos, para recibirnos, anhelando un día vernos regresar a sus brazos. ¡Nunca dudes del amor de Dios!

Creación De Dios

Alguien ha descrito el pecado como una enfermedad o un cáncer que ha tomado a la humanidad y la ha esclavizado a su merced, se podría decir que es una buena descripción ya que el cáncer comienza cuando unas células crecen descontroladamente sobrepasando su normalidad y trayendo anormalidades al funcionamiento del cuerpo, y muchas veces cuando este mal o cáncer no se detecta a tiempo, trae muerte a la persona que lo lleva por dentro, de igual manera el pecado en el hombre hace que este no funcione como debe de funcionar, pero en diferencia con el cáncer que no se mira a plena vista, el pecado aunque está dentro del ser humano se puede ver, a través del comportamiento, y a través de las palabras que hablamos, a través de nuestras actitudes, el pecado se manifiesta cuando demostramos ira incontrolable, en los pleitos, en las borracheras, celos, contiendas, mentiras, urgías, y cosas semejantes a estas que hacen que el hombre no funcione como debería de funcionar.

Conocemos por experiencia que tenemos muchos antídotos para curar o sanar diversas enfermedades y poder contrarrestarlas, muchos son eficaces y muchos no, pues al igual que estos antídotos tenemos aquí la buena noticia; existe un antídoto para ese mal llamado pecado, y esto lo encontramos en las páginas de un viejo y nuevo libro llamado Biblia, de allí desarrollaremos gran parte de lo que escribiremos en este capítulo, esto es para los que creen que hemos sido creados a imagen y semejanza de Dios, pues en el principio Dios creó al ser humano a imagen y semejanza de Él, echemos un vistazo a Génesis 1:27, de aquí se desprende la gran aventura del hombre sobre la faz de la tierra, con la vida de Adán y Eva en el jardín del Edén, donde Dios los creó y les dio por mandamiento que no deberían comer del árbol de la ciencia del bien y el mal. Lo interesante aquí es que ellos no estaban solos en el huerto, había una criatura llamada Lucifer, quien vino hacer su aparición en esta escena. ¿Dios sabía de esta criatura que él había creado? Claro que lo sabía, así que Dios al darle el mandamiento a Adán lo dejó con un don que hace que el hombre sea responsable por sus propios actos, y esto hace que el hombre no pueda ser a imagen de un robot o alguna maquina manipulada por algún botón o baterías recargables, estoy hablando del "libre albedrío" Dios nos creó con el libre albedrío el cual es el supremo bien de toda criatura human, debemos entender que eso es lo que nos hace ser o llevar a ser perfectos en sí. ¿Cómo? Bueno, Dios no solo nos dio una voluntad propia, nos dio intelecto, nos dio sentimientos, haciendo que estos atributos nos hagan ser una persona con libertad de decisión para tomar y hacer en esta vida lo que nosotros escojamos, y ¿Qué fue lo que pasó en el huerto del Edén? Escogimos el mal camino de la desobediencia. El mandamiento estaba dado: "No comas del árbol del bien y del mal, porque el día que de él comas ciertamente morirás" Dios puso el mandamiento, nosotros lo traspasamos, lo quebrantamos y todo por causa del engaño.

Desobedecieron al mandato de Dios (Gn 2:17) acerca del árbol del conocimiento del bien y el mal cuando les mandó que no comieran de ese árbol y que "El día que comieran de ese árbol, ciertamente iban a morir" y ellos desobedecieron a su creador, y de esta desobediencia se introduce el pecado en el ser humano creado por Dios, de aquí de esta primer pareja pasó a todos los hombres (Rom 5:12) de generación en generación hasta irse formando lo que vemos hoy en día, un mundo controlado por el príncipe de las tinieblas, el diablo ha trabajado a través de los tiempos, engañando a la humanidad, en los primeros siglos se esforzó tanto para controlar a la humanidad que logró que Dios desarraigara al hombre de la faz de la tierra con un diluvio dejando así, a un hombre que la Biblia dice que era justo y que andaba con Dios, este hombre fue Noé y no solo a él dejó Dios. Sino que también dejó a su familia.

Esto lo encontramos en la historia bíblica que la mayoría de nosotros la conocemos como: "El Arca de Noé y el Pacto de Dios con la evidencia testimonial del arco iris que se encuentra en el capítulo 6 del libro del Génesis. Noé fue conocido también como patriarca después de Adán, después que desarraigó al hombre de esta tierra.

Es algo en lo que debemos poner atención, la Historia de Noé aunque no tanto en la historia de Noé sino en la actitud del Padre de toda la creación hacia la humanidad, la Biblia nos muestra claramente que fue lo que llevó a Dios a hacer tal cosa de desarraigar a la humanidad de aquel entonces, creo que eso fue algo increíble algo que el mundo tal vez no puede llegar a un grado de imaginación, todos lo sabemos y hemos escuchado de la Historia de Noé, pero la magnitud del evento donde la humanidad de aquel entonces pereció anegada en agua, no es fácil digerirlo y solo nos queda dejarlo a un lado de nuestra verdadera imaginación y pensarlo, ¿Se ha puesto a meditar a profundidad como fue que eso sucedió? Solo de pensar que una persona se ahogó en la piscina nos hace sentir algo fuerte, ahora imagínese miles y millones, se cree que había billones de seres humanos en ese tiempo, imagínese a todas esas personas ahogándose, como se sentiría Noé, parece que era también un poco fuerte pues se puso a beber después de que el Arca tocó tierra.

La causa de este evento tan grande es que el pensamiento de todo ser humano era de continuo el mal (Gn 6:5), la tierra fue tan contaminada por el diablo y sus ángeles caídos que los hombres fueron arrastrados a rebelarse contra Dios y a cometer toda clase de perversión y bestialismo que la mente humana se podría imaginar, dieron rienda suelta a toda inmoralidad y no solo eso porque se puede entender que también el hombre había entrado en ámbitos espirituales de las tinieblas, las hechicerías, la brujería, la adivinación, la astrología, y toda clase de revelación y conocimiento del mal que los ángeles caídos enseñaron a los hombres, Dios en su amor y su Justicia decidió raer a la humanidad. Para esos tiempos no había Ley en la tierra, por eso declara claramente la Palabra de Dios "Sin (Profecía) Ley el pueblo se desenfrena" y creo que esto lo podemos ver no solo en el tiempo de Noé y el diluvio si no hoy mismo en nuestra sociedad, aprendamos que la Biblia dice que: La ley de Dios es perfecta que convierte el Alma y hace sabio al sencillo, Dios continuó su propósito con su creación a través de Noé y su descendencia, de allí empieza otra etapa, pero de igual manera el pecado continuaría haciendo su trabajo con el ser humano.

Ya el mal estaba en el hombre y Dios sabía que el hombre necesitaba algo que hiciera entender al hombre que lo que él hacía no estaba bien ante sus ojos, entonces levanta a Moisés por quien traería los diez mandamientos, que son para el ser humano, esto es lo mejor que al hombre le ha pasado, aunque nadie crea o no lo quiera reconocer es únicamente por ellos que la humanidad ha podido sobrevivir a tan semejante ataque satánico en contra de la humanidad, con ellos Dios le ha mostrado a Satanás que basta y sobra para que el diablo sea derrotado, nomás que el hombre en estos últimos tiempos no ha querido hacer caso y prefieren ser engañados como a Eva y no solo eso, el mundo está como los fariseos y el pueblo en el tiempo de Jesús que escogieron a Barrabás antes que a Cristo, el cual es Bendito por los siglos de los siglos.

Hay una verdad muy clara para todo ser humano y si importa a quien se escoge, pues en este asunto se está tratando de vida o de muerte eterna, el ser humano ha sido creado para vivir eternamente, pues Dios todo lo hizo hermoso en su tiempo;

También ha puesto eternidad en el corazón del hombre, de modo que el hombre no alcanza a comprender la obra que Dios ha hecho desde el principio hasta el fin. Libro de Eclesiastés 3:11, es triste saber y ver que el hombre no quiere nada con Dios, pero Dios si quiere que el hombre le conozca y le reciba como lo que es; Como a un verdadero Padre, Dios ha pagado un precio muy grande para brindarnos el perdón de nuestros pecados y limpiarnos de toda maldad, Él nos creó para que anduviésemos en buenas obras las cuales Él había preparado de antemano, esto quiere decir que esas buenas obras que El preparo todavía están esperándonos, todo lo que necesitamos es el perdón del Padre para empezar a andar en ellas, todo es cuestión de que reconozcamos con un corazón quebrantado que hemos pecado contra Él.

Debemos poner atención a lo que Él hizo por nosotros que no fue nada fácil, por favor pongamos atención en lo que Él hizo, porque siendo en forma de Dios, no estimo el ser igual a Dios como cosa a que aferrarse, sino que se despojó a sí mismo, tomando forma de siervo, hecho semejante a los hombres; y estando en la condición de hombre, se humillo a sí mismo, haciéndose obediente hasta la muerte y muerte de cruz. (Fil 2:6–8) Solo el leer estas palabras quebranta a cualquier alma sedienta de Dios, sedienta por conocer su amor y obtener su perdón y recibir así el don de la vida eterna. La humillación a la cual Dios se expuso fue tan grande para El, pero no le importo siendo el Dios mismo, Creador de todo lo que existe, las galaxias, los mundos, el sol, la luna, las estrellas, el universo, esta tierra y todo lo que nos podríamos imaginar Él lo creo, y así tan grande es Él, se despojó de toda su gloria y vino a meterse en un cuerpo hecho con los mismos elementos que contiene el polvo de la tierra, cuando lo meditamos a conciencia se nos hace casi imposible que un Dios con tanto poder, amor y Santidad, se rebajara no solo a meterse en un cuerpo de barro, sino a ser humillado por su misma creación tanto que lo escupieron, lo abofetearon, se burlaron de Él, lo golpearon y lo clavaron de un madero de sus manos y sus pies, y todavía siendo nosotros muñequitos polvo de la tierra nos atrevemos a negarlo y a rechazar su perdón.

No sigamos más en rebelión postrémonos delante de Él en este momento y pidámosle perdón a aquel que hizo todo esto solo por amor a nosotros, Él derramó hasta su última gota de sangre en esa cruz pues la Palabra de Dios dice que sin derramamiento de sangre no puede haber remisión o perdón de los pecados, no fue nada que lo movió a hacer esto si no solo su Amor innegable, ese amor tan grande que la gente no debe de ignorar, no importa cómo te sientas, no importa quién eres, no importa lo que hayas hecho Dios te ama y no solo lo ha demostrado sino que lo ha escrito con sangre pura y sin pecado derramándola en esa cruenta cruz, solo para que no tengas dudas de su amor, así que no permitas que lleguen a tus pensamientos algo como: "Tú no puedes ser perdonado, él no te ama, tu no le importas a nadie, Dios no existe, si Dios existiera no estarías como estas, Etc. Estas son solo algunas frases que el diablo usa para mantener al hombre alejado del amor de Dios y de su bendición, Dios te Ama sobremanera y te extiende la invitación para recibir su perdón, Jesús le dijo a la Samaritana en capítulo 4 de Juan "Si conocieras el don (regalo) de Dios" ese regalo es su perdón, su salvación y su bendición, es cierto la justicia de Dios exigía que el que comete pecado debe de morir irremisiblemente, pero Jesucristo de Nazaret al ser crucificado por nuestros pecados pago ese precio que la Justicia de Dios demandaba, por tanto todo ser humano tiene derecho a la salvación y al perdón porque de tal manera amo Dios al mundo, que dio a su Hijo Unigénito para que todo aquel que en Él cree no se pierda más tenga vida eterna, deja que el Señor Jesús perdone todos tus pecados y te limpie de toda maldad, esto es lo que la sangre de Jesucristo otorga a todo aquel que con corazón contrito y humillado le pide perdón. "La salvación de su Alma" Ha llegado el tiempo de tomar decisiones sabias y esta decisión sería la más sabia que cualquier ser humano puede hacer en toda una vida, no hay decisión que se pueda comparar a la de rendir toda la vida que nos queda a los pies del Divino Maestro Jesús de Nazaret.

Los tiempos que estamos viviendo son tiempos muy peligrosos y días muy malos

El camino de la vida es para arriba al entendido, Para apartarse del infierno abajo, dijo el predicador. (Pr 15:24) El hombre camina pensando que lo sabe todo, que tiene todo, y que lo puede todo, no nos detenemos a pensar, para qué sirve la sabiduría o que es la sabiduría, pensamos que somos sabios en nuestra propia opinión, en cualquier tema que podamos hablar con alguien individual o en grupo, sea el tema de política, de educación, de deportes o cualquier otro tema, en la idiosincrasia latina tenemos algo y es que siempre pensamos que sabemos algo, aunque en la realidad no sabemos a veces ni de que estamos hablando, cada tema cualquiera que sea tiene su profundidad y su ciencia, pero estamos acostumbrados supuestamente a "Que sabemos de todo" creo importante que nos detengamos un momento, que hagamos un alto a nuestro diario vivir y meditemos al respecto de lo que es la vida y la sabiduría. La vida es algo tan importante y a veces tan compleja que es necesario pensar bien que es lo que estamos haciendo con ella, ¿Por qué? Porque está establecido para los hombres (Toda la Humanidad) que mueran una sola vez y después de este acto hay un juicio por el cual pasaremos.

Es cierto, existe un juicio, sin embargo, sobre ese juicio se impone el amor de Dios por el cual alcanzamos su perdón en esta tierra. Su perdón es más grande que ese juicio y que cualquier otro juicio que pueda existir mientras estemos en este mundo, pues nos libera de él, y cambia totalmente nuestras vidas cuando lo experimentamos, es algo completamente maravilloso y liberador, algo que para explicarlo con palabras tienes que experimentarlo por ti mismo (a), como ya hemos dicho: no pierdas tiempo y habla con Dios pidiendo su perdón y veras que estas palabras se van a hacer real en tu vida.

Nadie está exento de este juicio porque como ya sabemos hay miles y miles de testimonios de personas que mueren y luego vuelven a la vida y nos cuentan que si hay vida después de la muerte, es algo de lo cual dentro de nosotros sabemos, de alguna manera hemos oído algún testimonio de alguien que ha tenido alguna experiencia así, tenemos un Alma que también lo sabe, que no todo se acaba en el momento que la persona muere, en realidad allí es donde empieza todo, los años del hombre son un granito de arena comparado con la eternidad donde el tiempo no existe y aunque nuestra mente finita y limitada no lo entienda no quiere decir que no existe, ya se ha hablado que no hay persona en el mundo que no haya escuchado o tenido un experiencia sobrenatural o espiritual dándonos a saber que el mundo de los espíritus donde está la eternidad si existe, no podemos negarlo, entonces cuando Dios nos dice que todo hombre tiene una fecha donde tiene que morir y después de esto tiene que ir a un juicio para dar cuentas de lo que vivió en esta tierra quiere decir que es verdad por tanto vuelvo y repito, nadie se escapará de ese juicio, y es necesario que nos preparemos para estar delante del Padre en ese juicio tal como las personas se preparan en esta tierra para presentarse delante del Juez por haber infringido la ley de alguna manera, sea que se pasó un semáforo en rojo, que manejo ebrio, o robo etcétera así debemos prepararnos, creyendo en Jesús.

De igual manera tendrá que dar cuentas a Dios por haber infringido la ley escrita en su palabra. Por lo regular casi todos sabemos o conocemos algo de los diez mandamientos que Dios dejó en su palabra. De pasó déjeme decirle que las leyes que existen en este mundo fueron puestas por Dios, aunque dice su palabra la Biblia que los hombres se enseñorean de ellas, pero al igual que todos si no se arrepiente tendrá que estar delante del gran Juez de toda la tierra para dar cuenta por ello. No importa quién seas o como te llames o como eres, un día estarás delante de Dios para la rendición de cuentas, por eso Dios te dice ahora: Venid luego, dice Jehová, y estemos a cuenta: si vuestros pecados fueren como la grana, como la nieve será emblanquecidos; y si fueren rojos como el carmesí, vendrán a ser como blanca lana. (Isaías 1:18) Dios ha dejado su Palabra para alcanzar el perdón de nuestros pecados y librarnos de ese juicio, aunque no nos libraremos de otro juicio que está reservado para los que han recibido el perdón de los pecados, pero aun así tenemos que ser diligentes en hacer la voluntad de Dios. Este al cual los perdonados tendrán que asistir es llamado: "El tribunal de Cristo" para rendir cuentas por nuestras obras que hicimos como hijos de Dios aquí en la tierra. Claro está; es mejor el tribunal de Cristo para los que ya son salvos que el gran juicio del trono blanco para los que no se arrepienten, este juicio quiera el hombre o no lo quiera, tiene que estar allí un día.

Por esto no me avergüenzo del evangelio, porque es poder de Dios para salvación a todo aquel que cree: al judío primeramente porque a ellos vino Jesús, pero también al que no es judío. Porque la justicia de Dios se revela por fe y para fe, como está escrito: Más el justo por la fe vivirá. Fe en su palabra desde que uno entrega su vida a Cristo por fe, hasta vivir una vida santa de acuerdo con su Palabra por fe también.

Porque la ira de Dios se revela desde el cielo contra toda impiedad e injusticia de los hombres que detienen con injusticia la verdad; porque lo que de Dios se conoce les es manifiesto, pues Dios se los manifestó. Porque las cosas invisibles de Él, su eterno poder y deidad, se hacen claramente visibles desde la fundación del mundo, siendo entendidas por medio de las cosas creadas por El, de modo que nadie en este mundo tenemos excusa, pues viendo simplemente que el hombre puede respirar abrir los ojos y tener vida, podemos ver como la naturaleza ella misma nos declara que hay un Creador, las nubes, el sol, las estrellas, el universo mismo nos grita que hay un Creador porque nadie puede hacer algo semejante si no hay inteligencia y sabiduría en ese alguien. Ahora sabiendo esto y habiendo conocido a Dios, no le glorifican como a Dios, ni le dieron gracias, sino que se envanecieron en sus razonamientos, se concentran más en sus propios pensamientos y así el corazón se hace necio y es entenebrecido por el Pecado y la maldad.

Profesando ser sabios, se hicieron necios, y cambiaron la gloria de Dios incorruptible en semejanza de imagen de hombre que es por naturaleza corruptible, postrándose antes estas imágenes y adorándolas de alguna manera, siendo ellas: hombres, aves, cuadrúpedos y de reptiles y confiando más en ellas que en Dios. Por lo cual Dios también los entregó a la inmundicia, en las concupiscencias, de sus corazones, de modo que deshonraron entre si sus propios cuerpos, ya que cambiaron la verdad de Dios por la mentira, honrando y dando culto a las criaturas antes que, al Creador, el cual es bendito por los siglos Amen.

Por esto Dios los entregó a pasiones vergonzosas; pues aún sus mujeres cambiaron el uso natural por el que es contra naturaleza, y de igual modo también los hombres dejando el uso natural de la mujer, se encendieron en su propia lascivia unos con otros, cometiendo así hechos vergonzosos hombres con hombres, y recibiendo en sí mismos la retribución, debido a su extravió. Y como ellos no aprobaron tener en cuenta a Dios, Dios los entregó a una mente reprobada, para hacer cosas que no convienen; pensando muchas veces ellos que tienen a Dios más su propia conciencia los acusa aunque no lo muestren a la gente, de noche no duermen pues sus propias conciencias están despiertas, pues estando atestados de toda injusticia, fornicación, perversidad, avaricia, maldad; llenos de envidia, homicidios, contiendas, engaños, y malignidades; murmuradores, detractores, aborrecedores de Dios, injuriosos, soberbios, altivos, inventores de males, (Chismosos), desobedientes a los padres,, necios, desleales, sin afecto natural, implacables, sin misericordia; quienes habiendo entendido el juicio de Dios, que los que practican tales cosa son dignos de muerte eterna (Separación eterna de Dios), y no solo las que las hacen, sino también aquellos que se complacen con los que las practican. Por lo cual eres inexcusable, oh hombre, cualquiera que seas que tú juzgas; pues en lo que juzgas a otro, te condenas a ti mismo; porque tú que juzgas haces lo mismo. Más sabemos que el juicio de Dios contra los que practican tales cosas es según verdad. Libro de Romanos capítulo 1

La Palabra de Dios es viva y eficaz y más cortante que toda espada de dos filos; y penetra hasta partir el alma y el espíritu, las coyunturas y los tuétanos, y discierne los pensamientos y las intenciones del corazón y no hay cosa creada que no sea manifiesta en su presencia; antes bien todas las cosas están desnudas y abiertas a los ojos de aquel a quien tenemos que dar cuenta. Hebreos 4:12–13.

La pelea de la vida o por la vida

Desde niños nos damos cuenta de que dentro de nosotros o de nuestra mente existe una pelea por el control del yo o por el control de las cosas, es algo constante que cuando crecemos todavía sigue existiendo, creo que no podemos negarlo, es algo así como el bien contra el mal o el mal contra el bien, según sea nuestra experiencia en algunos ha ganado más el bien que el mal como tal vez en otros ha ganado el mal más que el bien, no importa cómo nos vistamos o quiénes somos en esta sociedad, las clases sociales en nada difieren en esta pelea porque es una pelea personal por el control de mi persona, aunque según quien gane siempre de alguna manera influenciaremos en otros.

Algo parecido, pero a niveles más vividos, más reales, aunque con esto no quiero decir que lo primero no sea real, claro que lo es, solo es para dar un ejemplo que lo digo. Esto es acerca de lo que es el perdón que otorga Dios al ser humano y el pecado que no quiere que aceptes ese perdón, la batalla por la verdad de la vida. Muchos que no saben bien qué es el pecado y tampoco conocen o han tenido la experiencia del perdón inigualable que da Dios, no podrán entender bien esta lucha a muerte. Cuando las personas se entregan a Cristo reconociéndolo como su Señor y Salvador, el pecado luchará antes y después de este acto tan maravilloso, tan hermoso y tan espectacular que solo se da cuando alguien rinde su vida al Creador, al Rey de reyes y Señor de señores a Cristo y le pide con todo su corazón que lo perdone y que entre en él, y que sea su Señor. He aquí donde comienza las batallas de batallas por la vida o por la muerte ya que a través del perdón obtienes la vida y a través del pecado la muerte y solo te toca a ti o cada ser humano que ha tenido o quiere tener esta experiencia de la salvación de su alma que lo puede vivir personalmente. Esto es algo personal nadie puede decidir o escoger por nosotros, nos pueden influenciar con palabras pero la decisión la tomamos nosotros, no es una decisión fácil porque el diablo con el pecado te pelearan para que no obtengas o alcances la salvación de tu alma, pero es la mejor decisión de tu vida. Recuerda que se trata de la vida eterna o de la muerte eterna.

He aquí un ejemplo vivido, es un poco fuerte y es tomado del libro "Penetrando en la Oscuridad" de Frank E. Pertti. Esto es solo un pequeño extracto con pequeños cambios para mejor provecho de lo que queremos explicar y dar a entender. Es la historia de una mujer que de niña fue a la escuela dominical y después ya no volvió más a la iglesia, una historia como la de muchas personas que en un tiempo de niños los llevaron a la iglesia, pero pasando el tiempo se apartaron y eso sucedió mucho en USA por trasfondo cultural, que fue de raíces meramente cristianas. Ella se envolvió en el misticismo y humanismo que cayó tan bajo que después de una muy mala experiencia tuvo la oportunidad de conocer a Jesús el dador de la vida.

He aquí algo de la historia de Sally.

"Las oraciones llegaron al cielo desde Ashton, de Baskon y de todos los lugares intermedios, y era como si el Señor estuviera esperando ese preciso momento, ese clamor especial de su pueblo. El movió su mano soberana. El Capitán Tael, ángel del ejército de Dios recibió el informe de un mensajero en la madrugada del miércoles.

¡Huilo! —otro ángel guerrero, acudió a su lado en un instante.

¡El Señor ha hablado! ¡Ella esta lista! —la voz de Tael se oía forzada por la emoción.

¡Alabado sea el Señor! —dijo Huilo—. ¿Dónde? ¿Cuándo?

Ella salió de Ashton y ya casi llega a Henderson. Es solo cuestión de horas. La encontraremos allá con todas nuestras fuerzas. Si logramos alcanzarla antes que el demonio Destructor y sus secuaces la encuentren, tal vez podamos inclinar la balanza a nuestro favor al fin.

Huilo desenvainó su espada; se oyó un timbre metálico y se vio un destello de luz —¡Un punto crucial! —, Mohita y Signa otros guerreros angelicales se quedarán aquí con sus guerreros listos vigilando esa brecha.

Tael sonrió por primera vez en semanas.

—¡Quizá tenga que entrar en acción hoy!

Sally escribió:

"Apreciado Tom:

Llegué en autobús como a las siete de esta mañana, y creo que conseguiré un cuarto muy pronto. Por ahora me siento bastante cómoda sentada en un parque cerca del centro de la ciudad. El sol es cálido, el escaño está seco y el estanque cercano es placido y lleno de patos.

No diría que la ciudad de Henderson es un lugar acogedor, pero si tiene ciertas ventajas principales. Es una ciudad metropolitana grande y, por lo tanto, es fácil ocultarse en ella, y tiene una biblioteca inmensa en el centro, un lugar excelente para buscar buena información. Iré allá hoy o mañana, o cuando termine un asunto más inmediato que requiere mi atención".

Un asunto más inmediato. Sally se sorprendió un poco de su tono comercial, como si fuera a escribir una carta a máquina o a hacer una compra. En realidad, estaba a punto de entrar en una relación que podría alterar el curso de toda su vida, reestructurar del todo su cosmovisión y poner en consideración todos los asuntos morales, actos, decisiones y actitudes de todos sus años pasados; sus cicatrices y emociones más profundas, lo más personal y protegido de su vida, quedaría al descubierto. La relación sería de confrontación y, tal vez, devastadora.

Por lo menos ella es lo que esperaba del acuerdo, y por esa razón meditaría en ese paso que debía dar toda la noche, pesando los pros y los contras, considerando el costo y probando y eliminando las opciones. Vio con claridad que tenía que pagar un precio enorme en cuanto al ego y la voluntad propia, y conllevaría implicaciones sorprendentes para el futuro. Tuvo en cuenta todas las reflexiones y les halló una respuesta; todas las objeciones tuvieron una audiencia justa y, entre los fieros y acalorados debates que Sally tuvo consigo en el foro de su propia mente, recibieron consideración cuidadosa.

Cuando la luz del día se asomó por las ventanillas del autobús, ella había establecido en la mente que, después de considerar todas las cosas, tal decisión de importancia sería lo más lógico, practico y deseable que debería hacer, con ventajas que sobrepasaban a las desventajas.

Todo estaba tranquilo en el parque; había poca gente alrededor además de una señora que había sacado a su perro a caminar y los que corrían al trabajo. Se pasó a otra banca más cerca del charco, donde daba todo el sol de la mañana, y se sentó con la bolsa al lado. Entonces se puso a observarse. Vestida de pantalones de vaquero y una chaqueta azul, con una gorra de media en la cabeza y una bolsa de viajera al lado, parecía una vagabunda desamparada.

Lo era.

Se veía solitaria y aislada.

Lo estaba.

También se imaginaba pequeña e insignificante en un mundo tan grande, y eso le pesaba más en la mente que cualquier otra cosa. ¿Cómo se veía ella ante un Dios tan inmenso que había creado este globo inmenso en el que estaba sentada? ¿Cómo un microbio en una plaquilla de microscopio? ¿Cómo podría El hallarla siquiera? Lo único que podía hacer era algún ruido, aunque ella se había preparado para esto no encontraba palabras, clamar a Él, causar un disturbio o elevar unas véngalas verbales, tal vez así ella vería o la oiría.

Ella puso el cuaderno sobre las piernas y lo abrió en una página de notas que había preparado. Ahora... ¿Donde debía comenzar?

Hablo con suavidad, escasamente formando las palabras con los labios. Se sentía tímida y estaba dispuesta a admitirlo.

—Ah... hola.

Tal vez la escuchó, o quizá no. Lo dijo de nuevo.

—Hola. Me imagino que tú sabes quién soy, pero me presentaré de todos modos. Parece lo debido. Me llamo Sally Beth Roel, y creo que uno se refiere a ti como Dios o Jesús, tal vez. Así lo he oído, o Señor. Entiendo que tienes varios títulos, así que espero que tengas paciencia conmigo, sí, tengo dificultades para expresarme. Hace mucho tiempo que no trato de orar.

» Ah, de todos modos, me gustaría reunirme contigo hoy, y hablar de mi vida y el posible papel que tú querrías desempeñar en ella. Y te anticipo las gracias por tu tiempo y tu atención.

Miró sus notas. Había llegado hasta allí. Al suponer que ya tenía la atención de Dios, procedió a expresar el asunto siguiente:

—Para repasar rápidamente la causa de esta reunión, creo que tu recuerdas nuestra última visita, aproximadamente hace treinta años, en.... ah... la iglesia bautista Monte de Sion en Yreka, California. Quiero que sepas que si disfruté de las ocasiones que pasamos juntos entonces. Sé que no he dicho nada de eso en mucho tiempo, y pido disculpas, aquel fue un tiempo precioso, y ahora es mi recuerdo favorito. De eso me alegro.

» Así que supongo que te preguntas que pasó, y porque rompí nuestra relación. Pues no recuerdo que fue lo que pasó con exactitud. Sé que los tribunales me devolvieron a mi madre, y ella no me llevaba a la escuela Dominical como la tía Bárbara, y luego fui a vivir en un lugar de crianza, y después... bien, creo que todo es como el agua que se llevó el rio.

Sally hizo una pausa. ¿Ocurría en ella algún despertamiento? Dios podía escucharle. Lo presentía; de alguna manera lo sabía. Era algo extraño y nuevo.

—Pues... —perdió el hilo de sus pensamientos—. Creo que presiento que me escuchas, y quiero agradecértelo —le volvieron las ideas—. De todos modos, creo que yo era una joven enojada, y quizá te eché la culpa de mis tristezas, pero, en todo caso, decidí que podía cuidarme sola, y así fue por la mayor parte de mi vida. Estoy segura de que tú sabes la historia. Hice la prueba con el ateísmo, y luego el humanismo con una dosis fuerte de evolucionismo; eso me dejó vacía y le quitó todo significado a mi vida. Luego probé el humanismo y el misticismo cósmico; eso fue bueno para muchos, años de ilusiones sin propósito y tormento sin igual y, para ser sincera, para el desorden en que me encuentro ahora, inclusive el hecho de que soy un criminal convicto. Tú sabes de eso.

—Bueno, Sally. ¿Cuál es tu próximo paso? Bien puedes ir al grano.

—Tengo un problema moral. He leído parte de la Biblia. Ah, es un buen libro, es una obra buena; y he llegado a ver que eres un Dios de principios morales, ética absolutos, creo que eso es lo que significa "santo". En realidad, me alegro de eso, porque entonces podemos saber dónde están nuestros límites; podemos saber dónde estamos parados, sé que ando con rodeos —Sally se detuvo a pensar.

«¿Cómo debería decirlo? ¿Qué quería ella de Dios?».

—Creo que... —se emocionó—, quizá por eso no puedo explicarme bien. Creo que necesito preguntarte acerca de tu amor. Sé que existe; la señora Gunderson siempre nos hablaba de él, y también mi tía Bárbara, y ahora lo he vuelto a ver brevemente en mis charlas con Berenice y aquel pastor, Enrique el plomero. Necesito saber que tú... —se detuvo, las lágrimas le empezaban a brotar. Se las enjugó y respiro profundo varias veces. Se suponía que esto sería como un acuerdo de negocios, no cierta experiencia emotiva y subjetiva de la cual podía dudar más tarde—. Perdón, esto es difícil. Se trata de muchos años y emociones —otra inhalación profunda—. De todos modos, trataba de decir que... me gustaría mucho que tú me aceptaras —se detuvo y dejó que se le aflojara la tensión de la garganta—. Porque me han dicho que tú me amas, y has dispuesto que todos los males que he hecho y mis transgresiones morales sean pagados y perdonados. He llegado a entender que Jesús murió para pagar mi pena y satisfacer tu justicia santa. Aprecio eso. Gracias por esa clase de amor; quiero entrar en esa clase de relación contigo, de alguna manera. Te he ofendido y no te he tomado en cuenta; yo misma he tratado de ser un dios, aunque te parezca extraño. He servido a otros espíritus, he matado a mi propia hija y me he esforzado mucho por descarriar a tantas personas...

Las lágrimas aparecían de nuevo. Bueno, pues si se considera el asunto tratado, algunas lágrimas serian apropiadas.

—Sin embargo, si tú me recibes... si tan solo me aceptas, estaría más que dispuesta a entregarte todo lo que soy y tengo, por lo que valga —recordó palabras de hace treinta años atrás que cautivaron sus sentimientos a perfección—. Jesús...

No pudo detener sus emociones esta vez, se le puso la cara roja, se le inundaron los ojos de lágrimas y tuvo temor de continuar. No obstante, continuo, aunque se le quebraba la voz, le corrían las lágrimas por las mejillas y le temblaba el cuerpo.

—Jesús, quiero que entres en mi corazón. Quiero que me perdones. Perdóname, por favor.

Estaba llorando y no podía parar. Tenía que salir de allí. No podía permitir que nadie la viera así, agarró su bolsa y salió aprisa del estanque, saliendo del sendero e internándose entre los árboles cercanos. Bajo el abrigo de las hojas frescas de la primavera, encontró un lugarcito despejado y cayó de rodillas en la tierra seca y fresca. Con la nueva libertad que le dio ese escondite, el corazón de piedra se le convirtió en carne, los clamores más profundos de aquel corazón se volvieron fuente, y ella y el Señor hablaban de varias cosas mientras los minutos transcurrían sin notarse y el mundo que la rodeaba perdía su importancia.

Arriba, como si otro sol acabara de salir, la oscuridad se abrió, y rayos blancos y puros penetraron por las copas de los árboles, inundando a Sally Beth Roel con una luz celestial, brillando hasta su corazón y su espíritu más recóndito, ocultando su forma con un fuego enceguecedor de santidad. Lentamente, sin sensación ni sonido, se inclinó hacia adelante, con el rostro en el suelo y el espíritu anegado de la presencia de Dios.

A todo su alrededor, como los radios de una rueda maravillosa, como rayos de luz emanando de un sol, las espadas ánglicas estaban tendidas de plano en la tierra, con las puntas dirigidas hacia ella, y los pomos hacia afuera, sostenidas en los puños fuertes de centenares de guerreros nobles que estaban arrodillados en círculos concéntricos y perfectos de gloria, luz y adoración, con la cara en el suelo, y las alas extendidas hacia el cielo como un jardín florecido y animado de llamas. Estaban silenciosos, con el corazón lleno de santo temor.

Como en incontables tiempos y lugares pasados, con maravilla inescrutable y esplendorosa el Cordero de Dios estaba en pie en medio de ellos, la Palabra de Dios, y más: La Palabra final, el fin de toda discusión y desafío, el Creador y la Verdad que sustenta a toda la creación. Lo más maravilloso e inescrutable de todo, el Salvador; un título de lo cual siempre se maravillan los ángeles que lo contemplan, pero que solo la humanidad puede conocer y entender.

Él había venido para ser el Salvador de esta mujer. La conocía por su nombre y, mientras lo pronunciaba él la tocó. Y sus pecados desaparecieron.

Un susurro comenzó en la primera hilera de ángeles, luego en la siguiente, y después, como una honda que corría hacia afuera, las alas de seda de cada hilera de guerreros angelicales se agitaban en el aire, produciendo un rugido, y levantaban a los ángeles hasta quedar de pie. Los guerreros sostenían las espadas dirigidas hacia el cielo, como un bosque de hojas encendidas, y comenzaron a gritar con gozo tumultuoso, y sus voces retumbaban y estremecían toda la esfera espiritual.

Huilo, brillante y glorificado como nunca, tomó su lugar por encima de todos, y blandió su espada formando arcos ardientes mientras gritaba:

—¡Digno es el Cordero!

—¡Digno es el Cordero! —tronaron los guerreros.

—¡Digno es el Cordero! —gritó Huilo con más fuerza.

—¡Digno es el Cordero! —respondieron todos.

—¡Porque fue inmolado!

—¡Porque fue inmolado!

Huilo extendió su espada hacia Sally Beth Roel, que estaba postrada, con el rostro en la tierra, todavía comulgando con su recién hallado Salvador.

—¡Y con su sangre Él ha comprado para Dios a la mujer Sally Beth Roel!

Las espadas ondearon, y su luz penetró en la oscuridad como un rayo penetra en la noche.

—¡Él ha comprado a Sally Beth Roel!

—¡El Cordero que fue inmolado es digno! —Huilo comenzó, y luego todos cantaron las palabras juntos con voces que sacudían la tierra misma—. ¡El Cordero es digno de tomar el poder, las riquezas, la sabiduría, la fortaleza, la honra, la gloria y la alabanza!

Luego vino otro ruido, de voces y de alas, otro relampagueo de centenares de espadas. Las alas cobraron fuerzas y el firmamento se llenó de guerreros que se arremolinaban, gritaban, animaban y adoraban; y su luz cubría la tierra por muchos kilómetros a la redonda.

A muchos kilómetros, algunos demonios de Destructor se cubrían los ojos para protegerse de la luz enceguecedora.

—¡Oh no! —dijo uno—. ¡Otra alma redimida!

—¡Uno de nuestros prisioneros libertado! —gimió otro.

Un espía rápido y de mirada aguda regresó después de hacer una inspección de cerca.

—¿Quién esta vez? —preguntaron.

—¡No les va a gustar la noticia! —respondió el espíritu.

Tael y Huilo se abrazaron, saltando, gritando y riéndose.

—¡Salvada! ¡Sally Beth Roel es salva! ¡Nuestro Dios la tiene por fin!

Se quedaron, junto con sus guerreros, manteniendo el cerco fuerte y brillante alrededor de ella, y asegurándose de que su comunicación con el Señor siguiera sin interrupciones.

El tiempo pasaba, por supuesto, pero nadie parecía notarlo ni preocuparse. Más tarde, ella no supo cuanto más tarde, Sally apoyo sus manos sobre la tierra y se levantó despacio hasta sentarse, sacudiendo hojas secas y húmedas de su ropa y limpiándose la cara con un pañuelo. Había pasado por una experiencia perfectamente maravillosa y única y al mismo tiempo extraña, y el efecto todavía permanecía. Un cambio, una restauración moral, personal y profunda había ocurrido, no solo en sus percepciones subjetivas, sino, de hecho. Era algo nuevo y verdaderamente extraordinario.

—Así que esto es lo que ellos llaman "ser salvo" —dijo en voz alta.

Las cosas eran diferentes. La Sally que entró a ese bosque agachándose no era la misma Sally Roel que estaba ahora sentada en las hojas, temblorosa, asustada, cubierta de lágrimas y sucia, pero feliz.

Antes se había sentido perdida y sin rumbo. Ahora lo tenía, y todavía quedaba más propósito y significado por descubrir.

Antes había estado oprimida y cargada de culpa. Ahora estaba limpia. Era libre. Había sido perdonada.

Antes estaba sola. Ahora tenía un amigo más íntimo que cualquier otro.

En cuanto a sus viejos amigos, sus atormentadores, fuera del cerco tirados allí como basura en un depósito de desperdicio, desesperación, muerte, locura, suicidio y miedo fruncían el ceño entre los arbustos, incapaces de regresar. Se miraban uno al otro, listos para reñir si alguno decía alguna palabra.

Estaban derrotados, vencidos, acabados. De alguna manera, tan pronto como ella se convirtió en hija de Dios comenzó a hacer valer sus derechos y autoridad como tal. No dijo mucho, ni con lenguaje florido; sencillamente les ordenó que salieran de su vida.

—¡Ella aprende rápido! —dijo Desesperación, los otros le escupieron solo por decir eso.

Sally:

—Esto es maravillosos —se dijo, sonriendo de asombro y en éxtasis—. ¡Muy maravilloso!

Tael y Huilo disfrutaban todo el tiempo.

—La palabra de su testimonio y la sangre del Cordero —dijo Tael.

Antes de que Sally rindiera su corazón a Jesús tenía una gran pelea, contra los enemigos invisibles que no se ven pero que son más reales que las cosas que podemos ver, esos enemigos son los que están sobre cada ser humano con el único propósito y es el de destruirlo hasta llevarlo a la muerte para llevárselo al infierno, que es la meta del diablo y sus compinches.

Después de esta experiencia que tuvo Sally, tuvo que librar más batallas contra muchos enemigos que ella servía y con los cuales había hecho pactos, no le fue fácil, pero una cosa hizo; se mantuvo firme creyendo en el Todopoderoso Dios que siempre la guardo y la mantuvo. Y así mantuvo su salvación.

Y ese es nuestro deseo que cada persona que no conoce de Jesús y su Palabra entienda que si quiere la vida eterna con Cristo, tiene que renunciar al pecado que lo llevara a la muerte eterna. Va a haber una pelea en su mente, solo recuerda que la voluntad te la dio Dios, y que el diablo no puede hacer nada sobre ella. Hay una regla que le puso Dios a satanás y es el de respetar la voluntad de cada ser humano, él no puede traspasar esa regla a menos que el ser humano le dé entrada y acepte su engaño, él solo puede influenciar a la persona con pensamientos que los demonios ponen en su mente. Recuerde que miedo, vergüenza, baja estima, mentira, suicidio y muchos más demonios estarán presentes con tal de que la persona no alcance el perdón. Y si la persona acepta esos pensamientos negativos, seguirá siendo esclava del pecado.

Esa será la pelea más grande que podrá enfrentar en su mente, pero si la persona se decide por Jesús como Sally el perdón y la victoria está garantizada pues Satanás es un enemigo derrotado, y solo puede tener poder cando las personas creen en él y aceptan sus mentiras, pero no aceptaremos más sus mentiras.

Recordemos esto siempre; que el infierno es real, y los tormentos que habla la biblia son verdad, la mente humana es finita y limitada por eso no alcanza a entender y comprender la realidad del infierno, solo si Cristo la salva y le abre el entendimiento como lo ha hecho con muchos, podrá entender que los tormentos más inimaginables si existen en el infierno, satanás ha logrado con creces que la gente no crea esto, pero Dios en su misericordia ha permitido que gente que conoció ese lugar vuelvan a la tierra para dar testimonio, y esto solo por su misericordia y el gran amor que tiene por la humanidad. Hay gente que ha dado testimonio que preferiría un millón de veces ser castigado en la tierra con el más grande dolor que le pudieran infringir que estar en el mismo infierno.

¡Escapa por tu vida!

También hay hombres en el infierno que piden a gritos que Jesús los saque de ahí, aunque sea por un minuto, y Jesús les pregunta: ¿Para qué quieres salir un minuto? A lo que ellos claman, ¡para arrepentirme, para arrepentirme! Pero Él les contesta que es demasiado tarde, las personas que han llegado allí ya no pueden salir, ni se puede hacer ya nada al respecto. Dios no puede faltar a su palabra, lo que está establecido, está establecido. Pareciera que quisiera asustarlos con esto, pero créame que no, lo que estoy diciendo es real. Es cierto también que para pedir perdón se hace casi imposible, porque tal vez Ud. dirá; es que Usted no sabe por lo que he pasado, o no puedo, si es así su caso, mencione el nombre de Jesús, que El sí sabe por lo que ha pasado, pues el ya pasó por la humillación más grande, donde lo golpearon, lo abofetearon, lo escupieron, lo vituperaron, lo desnudaron en público, se burlaron de Él, le clavaron una corona de espinas, le hicieron cargar una cruz demasiada pesada en medio de toda la ciudad, tanto que se cayó a medio camino, luego en esa misma cruz, lo clavaron de sus pies y de sus manos, y aun así pidió perdón por los que le hicieron todo esto. Créame que Jesús entiende lo que Ud. ha pasado y así como está Ud, él le ama con un amor tan grande que le ha permitido que leyera estas palabras, y entienda que todo esto lo hizo solo por amor a usted y a mí. Tome fuerza y hágalo con todo su corazón, no permita que esa fuerza negativa le gane, Jesús ya la venció en la cruz del calvario por Ud. y por mí, porque, es cierto, lo mataron, o al menos es lo que había pensado el diablo y todos los que participaron de la crucifixión, porque él había declarado que nadie le quitaba la vida, sino que Él la ponía y la volvía a tomar, Juan 10, 18, todo está escrito en su Palabra, por eso dijo también en Mateo 17, 23 que al tercer día iba a resucitar, y exactamente así sucedió como él lo había declarado. No hay hombre, profeta, líder religioso o sacerdote, o dios alguno que haya podido decir esto y cumplirlo como lo hizo nuestro señor Jesucristo en la tierra. La victoria ya es suya, venza todo temor y ponga fe en el nombre de Jesús, y vera la gloria de Dios.

Colosenses 2:

[14] anulando el acta de los decretos que había contra nosotros, que nos era contraria, quitándola de en medio y clavándola en la cruz,

[15] y despojando a los principados y a las potestades, los exhibió públicamente, triunfando sobre ellos en la cruz.

Esclavos o libres

Romanos 6:18

"Y libertados del pecado, vinisteis a ser siervos de justicia".

(Y libertaos del pecado, vinisteis a ser siervos de justicia)

En una ocasión, conocí y lo he visto en películas, cómo una mujer siendo de hermoso parecer, con un cuerpo maravilloso, con sus curvas bien delineadas con una carita angelical y un carácter divino, vivía en un lugar de extrema pobreza donde abundan los callejones, malicia, la suciedad, el deterioro, la delincuencia, el pandillerismo, las extorsiones, los pleitos matrimoniales, el alcoholismo, la drogadicción y todas esas cosas que en ocasiones por cosas del destino alguno vivió, o de alguna manera conocemos este cuadro de la vida, por medio de telenovelas o series de televisión que se encuentra en nuestro mundo. Esta hermosa mujer vivía en un cuadro, muy diferente al otro cuadro, donde están las personas adineradas, donde se ve poco o nada de basura en las calles, donde los pleitos matrimoniales no se ven a plena luz del día o no se conocen hasta que ya están divorciándose, al igual que las drogas, el robo, la malicia el alcoholismo y otras cosas parecidas a lugar donde está la pobreza al intemperie, pero que están muy bien camufladas. Dos cuadros muy distintos, pero con calamidades morales muy parecidas.

En la sociedad esto hace una diferencia muy marcada, que uno la puede ver claramente en el caminar de la vida. Recuerdo que conocí a esa mujer de hermoso parecer, paso que algún hombre adinerado se la encontró, y cuando la miró; pensó: ¿Qué hace esta mujer aquí? Y empezó a hablar con ella, pero ella no lo quería ni voltear a ver, se sentía muy poca cosa enfrente de este hombre muy bien vestido con ropa muy fina y elegante "a" y de un lenguaje refinado, este hombre trato de hablar con ella, pero ella sentía mucha pena, buscaba excusas para no hablar con este hombre, trataba de no encontrárselo de frente, pero este hombre insistió en hablar con ella, hasta que al fin pudo convencerla de hablar con él. Ella estaba parada delante de este hombre, y con voz suave y delicada le preguntó: ¿Cómo te llamas? ¿Puedo saber dónde vives? ¿Dónde trabajas? ¿Qué haces por las tardes? Preguntas que la incomodaban a ella, tanto que no quería que este hombre siguiera hablando, lo que ella quería era salir corriendo, escapar, se sentía tan confundida por su condición, que sentía mucha vergüenza, delante de este hombre apuesto y hermoso. Sus sentimientos estaban encontrados, pues al mismo tiempo que sentía esa vergüenza por cómo se encontraba ella, las palabras de aquella persona le hacían sentir algo muy hermoso en su corazón, pero este hombre vislumbrado por la hermosura de ella, insistió y no desistió hasta convencerla de que le dijera su nombre. Las otras preguntas quedaron en el aire, pero él, la empezó a visitar más seguido, con vestimentas poco elegantes tratándose de adaptarse al mundo de ella, al final la convenció de salir de ese lugar con palabras que la persuadieron como, "Verdaderamente me interesas", "Me gustaría llevarte a otro lugar más seguro", "Me gustaría darte lo mejor", ella sentía en su corazón que lo que le decía este hombre era verdad, pero el miedo de la inseguridad, rechazaba este leve sentimiento de aceptación. Este hombre no solo le decía todas estas palabras, sino se lo confirmaba con hechos, era tan especial con ella y sobre todo cuando le mencionó: "Me estoy enamorando de ti" ¡siento que te amo como a nadie en la vida!, siento que ya eres parte de mí, al fin, con miedo, asombro, inseguridad y mucha expectativa, accedió a irse con él, y él se la llevo a su mundo.

Este, era un mundo donde se vive la alcurnia de los hombres adinerados. Claro está, cuando ella empezó a conocer ese mundo, se le hacía muy difícil, pues ella no conocía ese mundo, y no se adaptaba, quería regresar a lugar de donde ella pensaba que pertenecía, ella no conocía otro mundo desde que había nacido, hasta la edad que ella tenía, ya habían pasado veintidós años, y en esos veintidós años, ella no conocía otro mundo si no el de la pobreza, los problemas, su manera de pensar, su manera de ver las cosas, su manera de vivir, su manera de relacionarse con las personas, su mundo de miseria estaba muy arraigado en su mente, tanto que le era muy difícil adaptarse al mundo de este joven adinerado y a veces pensaba que iba a ser imposible.

A esta joven le vino muchas veces el pensamiento de volver atrás. Pensaba que no iba a poder cambiar, ella estaba entrando en un mundo donde existen los modales, la disciplina, el orden, donde la base de la gente es el estudio, donde se habla con palabras con un lenguaje educado, algo que ella no tenía y que ahora este mundo se lo estaba ofreciendo y no solamente se lo ofrecía, sino que le era necesario aprenderlo, si quería vivir una mejor vida, ella trataba de hablar como ella hablaba en su mundo, trataba de comportarse como ella se comportaba en su mundo, y muchas cosas las quería hacer como ella las hacía en su mundo, y se daba de cuenta que nada funcionaba, parecía que no encajaba con la sociedad, y se enojaba con ella misma, pues en realidad, ella si le gustaba ese mundo donde se podía obtener todo lo que ella verdaderamente había anhelado estando en el lugar de miseria, ella si lo quería, y no solo para ella, sino también para su familia, pues en su mente siempre estaba su familia, ¡claro! Es en lo que la mayoría de los hombres y mujeres pensamos en primer lugar, con respecto de cualquier cosa en la vida, nuestra familia, eso le ayudo en algo a ella para aferrarse, a renunciar a su vida pasada, no fue fácil para ella renunciar a sus malos modales, a su mala educación, a sus mismos vestidos, a esos hábitos adquiridos en los 22 años que tenia de vivir en esa condición, y sobre todo, lo que más le costó fue, educar a su mente para renunciar a todo lo adquirido en ese tiempo de miseria, y aceptar, el mundo que tenía en frente, una de las más profundas cosas que batallo para aceptar, fue; el que no le pidieran nada a cambio, porque en su corazón sentía conforme a su vida pasada, que no lo merecía, más sin embargo logro vencer también ese obstáculo que le quería impedir disfrutar de ese inmenso amor que aquel hombre bien parecido le hizo sentir sin pedirle nada a cambio, en un momento a solas en la cámara secreta aquel Joven solo la abrazo con delicadeza y sumo cuidado por no menos de diez minutos, le estuvo acariciando sus cabellos, los besaba y pareciera que ese abrazo le dejó saber a ella, todo lo que este joven había hecho por ella.

    Lo que ella no sabía, era, que este hombre había arriesgado todo por ella, su fortuna, su herencia, la misma familia, aun mas, entrego su propia vida con tal de sacar a esa mujer del lugar donde vivía. Fue tanto su amor que en ese abrazo, ella pudo sentirlo, inundando todo su ser, aun sin que el hombre pudiera emitir palabras, solo su abrazo y el acariciar de sus cabellos, le hicieron sentir a ella una seguridad que invadió todo su ser, y experimento, lo que nunca en su vida había experimentado; el verdadero amor, la seguridad, y una paz que sobrepasaba su propio entendimiento. Ella no lo entendía, porque nunca los había experimentado, pero sin embargo ese maravilloso momento hizo que todo aquello fuera real, estaba allí, abrazándola, besándola, acariciándola, hasta que ella quedo dormida en los brazos de aquel hombre que desprendía de su alma todo su amor para ella. Ella se miraba con un dormir que envidiaría cualquier mujer, pues su rostro reflejaba profunda paz y verdadero descanso, que solo el verdadero amor puede dar, y esto estaba claro a la vista de todos, pues ya que estaba en los brazos de su amado.

Esta historia al igual que la del hijo prodigo, nos ilustra la condición del ser humano y su encuentro con su Salvador. No importa en qué clase social se encuentra cada persona en esta tierra, por muy bonitos que nos vistamos o por mucho dinero que podamos tener, o podemos no tener dinero y vivir en la pobreza, de igual manera el pecado esta dentro de nosotros, lo llevamos por dentro y eso nos hace estar completamente sucios delante del Padre que es un Dios santo y sublime. Por eso nos mandó a su Hijo Jesús, para salvarnos, amarnos y redimirnos del pecado a través de su sacrificio perfecto, y derramando su sangre en la cruz, la cual por la fe en ese acto tan maravilloso, Él nos presenta limpios de todo pecado delante del Padre.

La Realidad

Acaso: ¿No pasa igual que la historia que acabamos de leer, al principio de este capítulo? Cuando las personas se convierten al cristianismo, tenemos miles sino es que millones de gentes, convertidas al cristianismo, pero todavía en un estado "quo" o de pecado, no logran avanzar a los niveles de una grandeza en humildad, de un cambio de mente, como la mente de Cristo, sin dar frutos dignos, siguen atrapados en un mundo que pareciera de fantasía no pueden crecer, siguen enanos hablando espiritualmente, hay muchas promesas en la Palabra de Dios para cada uno de los que entregamos nuestras vidas al Señor Jesucristo, sin embargo no las vivimos ni las experimentamos en su plenitud, con solo leer Marcos 16, 16–17 nos damos cuenta de esto, pero estas son solo tres o cuatro promesas para los que hemos creído, hay muchas más, vivimos sin saber siquiera cuales son nuestros verdaderos llamamientos, vivimos sin identidad, buscando donde podemos "Sentirnos bien" o "Donde nos gusta" ni siquiera nos preocupamos que dice o que quiere Dios de mí, y pensamos que yendo a un lugar donde se predica a Dios es todo, y si hago o sirvo en algo, estoy bien con Dios, y hay muchos líderes que ni se preocupan por llamar al pastor de aquella oveja que acaba de llegar a "Su" iglesia, (Con esto no quiero generalizar, ni hacer sentir mal a nadie, pues en ninguna manera es esa mi intención, les amo y es mi intención ser de edificación para todos) pareciera que no hay confianza en el liderazgo pastoral para llamarse y estar en comunión unos con otros, al parecer nosotros los pastores y líderes tenemos la culpa de muchas de las cosas que suceden en la iglesia del Señor, y todo esto sucede porque no logramos identificar el verdadero problema, creo que debemos analizar con detenimiento y escrutinio o discernimiento y revelación;

¿Qué es lo que ha estado golpeando a la iglesia de hoy en día? Son pocos los hombres y mujeres que alcanzan a vivir las promesas de Dios en su mayor nivel, Es nuestro anhelo él poder ayudar no solo a la gente que no conoce a Dios a alcanzar la salvación, sino también al cristiano común a ver la verdad por el mismo, a través de la Palabra y a ayudarle a liberarse y vencer el pecado que está en él, y poder así, vivir una vida de Victoria, bajo el poder del Espíritu Santo, proclamando a los cuatro vientos, el poderoso evangelio de nuestro Señor Jesucristo.

La Palabra de Dios dice: Jesús mismo hablando dijo: De cierto, de cierto os digo, que todo aquel que hace pecado, esclavo es del pecado. Juan 8:34. Pero también reitera en el v.36

Juan 8:36 "Así que, si el Hijo os libertare, seréis verdaderamente libres".

Aquí tendríamos que analizar bien este punto, porque para que la mente del hombre pueda entender bien, a qué se está refiriendo nuestro Señor Jesucristo, es necesario que entendamos primero, qué es pecado, ¿Cuál es entonces el significado de la palabra "pecado"? o ¿Qué quiere decir la palabra pecado? Veamos ahora: Tiene varios significados en sí, aunque el significado original es: transgresión a la voluntad o ley de Dios, también puede decirse que es la violación de una norma divina, o mandamiento de Dios. En hebreo la palabra común es: jatta'ta que también significa "errar" en el sentido de no alcanzar una meta, camino u objetivo. También puede decirse de todo aquello que va en contra de la moral.

Aunque podamos dar varias definiciones, de lo que significa pecado, y lo podemos entender tal vez con nuestro entendimiento finito, ya que es claro entender que es algo que yo hago que no está bien.

Creo que lo más certero es tener el perdón de los pecados para poder entenderlo a cabalidad, el hombre no puede entender en su plenitud que significa pecado si no ha sido totalmente limpiado de todo pecado. Pues en alguna manera todos entendemos que significa esa palabra, sabemos que es algo que hago que está mal a los ojos de Dios, y hasta lo puedo sentir en mi conciencia, cuando hago algo que no está bien, mi conciencia me redarguye, y me hace sentir mal, pero; ¿Que pasa luego? Lo vuelvo a hacer, y se va adormeciendo la conciencia hasta el grado de que lo que hago; "no le hace mal a nadie" para empezar, el primer mal que hacemos cuando hacemos algo que no está bien, es a nosotros mismos, de allí empieza un autoengaño, del cual es muy difícil salir, pues nos lleva a un punto donde en realidad no sabemos si es verdad o es mentira las cosas que estamos haciendo o las cosa que estamos viviendo, vivimos por vivir y hacemos las cosas pensando que no le hacemos mal a nadie y nos estamos ahogando en nuestro propio pecado, sin saberlo, una autodestrucción aceptada por nosotros mismos a merced completamente del propósito principal del pecado y del mismo diablo, que exactamente eso es lo que quieren, destruirnos y que no conozcamos en ninguna manera a nuestro Dios y creador, el cual nos Ama sobremanera y está dispuesto a perdonarnos cualquiera que fuere nuestro pecado, no importa si es pecado es muy grande o si es muy pequeño, Jesús mismo dijo en su Palabra:

> "El ladrón (diablo) no viene sino para robar, matar y destruir; yo he venido para que tengan vida, y para que la tengan en abundancia". (Juan 10:10).

> "Venid luego dice Jehová, y estemos a cuenta: si vuestros pecados fueren como la grana, como la nieve serán emblanquecidos; si fueren rojos como el carmesí, vendrán a ser como blanca lana". (Isaías 1:18).

En una ocasión evangelizando, me encontré con un joven que tenía tatuado el número "666" en su mano, y cuando le hablé de Jesús, me dijo, que él ya no tenía perdón, porque tenía ese número tatuado, y por más que insistimos no quiso aceptar el mensaje de amor de Jesús. Es triste ver como personas que han cometido asesinatos en masa, violaciones, actos sumamente deplorables, y cosas hasta como tatuarse ese número, siguen siendo engañadas por el pecado, no se dan cuenta que han hecho todo ese mal, exactamente por el engaño del pecado, ellos no son culpables, pues sin saber qué era lo que hacían fueron engañados hasta cometer tales actos de los cuales el pecado se ensaña más con ellos para acabar con sus vidas, cuando ellos mismos se miran en su corazón se dan cuenta que en realidad no querían cometer tales cosas, ellos tampoco quieren ser así, pero el engaño del pecado los tiene aprisionados, y es por eso que escribimos estas líneas para decirte que en Cristo hay esperanza, y que no importa lo que hayas hecho, o en qué condición te encuentras, Jesús te perdona si vienes a Él con un corazón sincero y arrepentido.

Al igual que la mujer de la historia, nos pasa que no queremos venir a Jesús por la manera en que nos sentimos, y huimos para apartarnos de él, sin embargo, Cristo siempre seguirá insistiendo, porque su amor es demasiado grande por nosotros, que un día seremos convencidos. Esperamos que ese día sea el día de hoy.

Alguien dijo en una ocasión que para conocer o distinguir lo falso, es necesario conocer bien lo verdadero, sino se conoce bien lo verdadero, es muy difícil tratar de identificar lo falso, es por eso que en las subastas de antigüedades se traen expertos en la materia, para poder identificar lo falso, o qué podemos decir de un billete de diez o veinte dólares, ya se les pinta una raya con un marcador, para ver si es verdadero o falso pero ha habido ocasiones que aun así han engañado a la gente. De igual manera sucede con el pecado, podemos dar varias definiciones y muy correctas todas ellas, pero no hay nada más imprescindible que experimentar la limpieza del pecado que está en nosotros. Cuando el ser humano experimenta lo que la palabra de Dios dice; que la sangre de Jesucristo nos limpia de todo pecado, esa es otra historia, que solo conocer definiciones, en esta experiencia hay un cambio automático de mente o sea de pensamientos, si le preguntamos a una persona como se siente después que ha experimentado la limpieza de sus pecados, ellos nos dirán con sinceridad que se sienten más livianos, que todo lo miran hermoso, que sienten amor por todo mundo, aun por sus enemigos, muchos lloran pero de gozo, y quieren gritarle a todo el mundo lo que han experimentado, y es aquí donde caen en la realidad, ¿Realidad de qué?

De que el mundo no los entiende, lo juzgan de loco, lo empiezan a marginar los "amigos", lo empiezan a rechazar y a veces hasta la misma familia los rechaza, y empiezan los cuestionamientos en su mente, ¿será verdad que estoy en el camino correcto? Pues déjame decirte que sí, que estas en el camino correcto, esto solo sucede para que entendamos, cuan malo que es el pecado, y cuan persistente va a ser juntamente con el diablo para querernos apartar del camino que nos lleva a vida eterna, el diablo aborrece al ser humano como creación de Dios, porque nosotros alcanzamos el perdón aun naciendo en pecado y cometiendo errores, Dios nos perdona, pero el diablo no tiene ya perdón, y ese es su odio más grande contra nosotros, y hará todo lo que éste a su alcance para robar nuestras bendiciones y aun el gozo de nuestra salvación. Tratará de engañarnos y destruirnos a toda costa, pero nosotros tenemos que mantenernos creciendo en el conocimiento de la Palabra de Dios, en ayuno y oración para poder resistir toda asechanza del diablo, y pararnos firmes, sabiendo que el que pelea por nosotros, es Dios y va siempre al lado nuestro, pues él ha prometido que estaría con nosotros todos los días de nuestra vida hasta el fin del mundo. Mateo 28:20

> Enseñándoles que guarden todas las cosas que os he mandado; y he aquí yo estoy con vosotros todos los días, hasta el fin del mundo. Amén. Mateo 28:20.

Es importante ver como el hombre que no ha sido perdonado o limpio de todo pecado por la obra de Cristo, puede comprender el pecado en alguna manera a través de los sufrimientos que le da la vida, y aunque muchas veces no lo entiende y le quiere echar o le echa la culpa a Dios, en su interior y a través de su conciencia sabe que hay algo que se llama pecado. Pero prefieren no pensar en él, y echarles la culpa a segundas personas, y esto sucede porque no entiende en sí, qué es pecado.

La gente se burlan y hacen alarde de su pecado, cuando planean las cosas para divertirse, cómo ir a una fiesta, como se la quieren pasar con las muchachas, o cómo van a tomar licor, ellos se ríen de las cosas que son pecado. Después que cometieron pecado se burlan de una manera a veces hasta sarcástica, de las cosas malas que hicieron el día pasado y hasta cierto punto, no se sienten mal, porque no saben en sí, qué significa esa palabra llamada "pecado" de la cual son completamente esclavos. Ya hemos explicado un poco el significado de esta palabra, y esperamos que esas palabras nos hayan hecho entender lo que necesitamos hacer para librarnos de ella y para siempre.

Quisiera incluir en este capítulo, algunos puntos importantes, que creo ya se hablaron sobre ellos en parte en otros capítulos, pero siempre es importante repasar, veamos de que se trata:

–El Pecado nació en Lucero en el cielo. Ezequiel 28:12–19.

–Lo transmitió a la primera pareja en el huerto del Edén. Génesis 3:1.

–Adán lo transmitiría a toda la raza humana. Romanos 5:12.

Ezequiel 28:12 "Hijo de hombre, levanta endechas sobre el rey de Tiro, y dile: Así ha dicho Jehová el Señor: Tú eras el sello de la perfección, lleno de sabiduría, y acabado de hermosura.

> 13 En Edén, en el huerto de Dios estuviste; de toda piedra preciosa era tu vestidura; de cornerina, topacio, jaspe, crisólito, berilo y ónice; de zafiro, carbunclo, esmeralda y oro; los primores de tus tamboriles y flautas estuvieron preparados para ti en el día de tu creación.
>
> 14 Tú, querubín grande, protector, yo te puse en el santo monte de Dios, allí estuviste; en medio de las piedras de fuego te paseabas.
>
> 15 Perfecto eras en todos tus caminos desde el día que fuiste creado, hasta que se halló en ti maldad. (He aquí el nacimiento del pecado).
>
> 16 A causa de la multitud de tus contrataciones fuiste lleno de iniquidad, y pecaste; por lo que yo te eché del monte de Dios, y te arrojé de entre las piedras del fuego, oh querubín protector.
>
> 17 Se enalteció tu corazón a causa de tu hermosura, corrompiste tu sabiduría a causa de tu esplendor; yo te arrojaré por tierra; delante de los reyes te pondré para que miren en ti
>
> 18 Con la multitud de tus maldades y con la iniquidad de tus contrataciones profanaste tu santuario; yo, pues, saqué fuego de en medio de ti, el cual te consumió, y te puse en ceniza sobre la tierra a los ojos de todos los que te miran.
>
> 19 Todos los que te conocieron de entre los pueblos se maravillarán sobre ti; espanto serás, y para siempre dejarás de ser".

Este pasaje nos relata quién era Satanás en el cielo y su eminente caída, habla de Lucifer cuando estaba en el cielo con Dios, aquí podemos ver que nadie hizo pecar a Satanás fuera de su libre albedrío, pauta para cualquier pecado posterior. Y el posterior pecado sería el engaño de todos los ángeles caídos que se rebelaron contra Dios y siguieron a Satanás, después que Satanás vio que Dios formó al hombre y cómo estaba enojado con Dios por haberlo destituido del cielo (Apocalipsis 12:9).

Entonces Lucifer planifico destruir la creación que Dios había formado del polvo de la tierra, esto es; al Hombre y a la mujer los cuales puso en el huerto del Edén, y es allí donde Satanás valiéndose de una serpiente creada por Dios, la uso para engañar a Eva y a Adán haciendo que desobedecieran a su Creador, introduciendo con esa desobediencia el pecado y la maldad y tomando hasta cierto punto el dominio sobre ellos.

A través de este pasaje y otros que hablan al respecto de Satanás, podemos ver muchas cualidades de Lucifer, como la soberbia, el orgullo, la fama, la ambición de poder, el egoísmo, y todo lo malo que pudiera existir se encuentra en este ser creado, que claramente dice el versículo 19 que viene un día en que dejará de ser, porque escrito esta, que será echado en el lago (Apocalipsis 20:10). Y el diablo que los engañaba fue arrojado al lago de fuego y azufre, donde también están la bestia y el falso profeta; y serán atormentados día y noche por los siglos de los siglos) que arde con fuego y azufre esa será su muerte final. ¡Así que alegraos cielo y los que moráis en ellos!

"Pero la serpiente era astuta, más que todos los animales del campo que Jehová Dios había hecho; la cual dijo a la mujer: ¿Con que Dios os ha dicho: ¿No comáis de todo árbol del huerto?". (Génesis 3:1).

Génesis nos muestra al diablo como una serpiente, ya que fue el animal que el diablo uso para la trampa que hizo caer a Eva y a Adán, es por eso que se le conoce como la "serpiente antigua" en Apocalipsis 12:9 Y fue lanzado fuera el gran dragón, la serpiente antigua, que se llama diablo y Satanás, el cual engaña al mundo entero; fue arrojado a la tierra, y sus ángeles fueron arrojados con él y en Apocalipsis 20. Y prendió al dragón, la serpiente antigua, que es el diablo y Satanás, y lo ató por mil años;

Con esta pregunta en Génesis 3:1, empieza la trampa de engaño que el diablo a través de la serpiente le propone a la mujer, y esta cae en el engaño junto con Adán, es aquí que dice la Biblia: Por tanto el pecado entró en el mundo por un hombre, y por el pecado la muerte, así la muerte pasó a todos los hombres, por cuanto todos pecaron Romanos 5:12, entonces todos estamos destituidos de la gloria de Dios y es por esta razón que necesitamos un salvador que nos liberte de nuestros pecados, y eso fue exactamente lo que Cristo vino a hacer cuando vino a este mundo y dio su vida en sacrificio, única y totalmente por su gran amor con que nos amó, por eso mi amigo y querido lector no pierdas tiempo y entrega tu vida a Jesús, si todavía no es tu Señor. Te invito a que desde ahora lo hagas tu Señor.

Juan 3:16–21 "Porque de tal manera amó Dios al mundo, que ha dado a su Hijo unigénito, para que todo aquel que en él cree, no se pierda, más tenga vida eterna.

[17] porque no envió Dios a su Hijo al mundo para condenar al mundo, sino para que el mundo sea salvo por él.

[18] el que en él cree, no es condenado; pero el que no cree, ya ha sido condenado, porque no ha creído en el nombre del unigénito Hijo de Dios.

[19] Y esta es la condenación: que la luz vino al mundo, y los hombres amaron más las tinieblas que la luz, porque sus obras eran malas.

[20] Porque todo aquel que hace lo malo, aborrece la luz y no viene a la luz, para que sus obras no sean reprendidas.

[21] Mas el que practica la verdad viene a la luz, para que sea manifiesto que sus obras son hechas en Dios".

Definitivamente necesitamos un Salvador y esto es a nuestro Señor Jesucristo de Nazaret, ya que es el único que pudo vencer a satanás a través de su sacrificio perfecto.

Colosenses 1:12 "Con gozo dando gracias al Padre que nos hizo aptos para participar de la herencia de los santos en luz;

¹³ el cual nos ha librado de la potestad de las tinieblas, y trasladado al reino de su amado Hijo,

¹⁴ en quien tenemos redención por su sangre, el perdón de pecados".

Esto significa que ningún ser humano puede acercarse a Dios y hablar con él, sin sentir que algo está estorbando en su vida, (esto pasa cuando hay un genuino deseo de ser perdonado y aceptado por Dios, y créame que si te acercas a Dios no importando como estés o como te sientas, Dios te abrazara) en ese momento en que el hombre quiere acercarse a Dios en oración para pedir perdón por sus pecados, su conciencia misma, le hace sentir el redargüir del mismo pecado que le dice que está mal, nos acusa, y nos sentimos como que no somos dignos de tener a un Padre que nos ama sobremanera, y que ese Padre está dispuesto a perdonarnos cualquiera que haya sido nuestro pecado, por muy grande que podamos ver el pecado, Dios nos perdona, aunque el pecado trabaja para alejarnos de Dios, acerquémonos confiadamente a Dios y pidámosle perdón por nuestro pecado y recibiremos el don de la vida eterna.

Entonces podrás ser libre de todo pecado y de toda maldad, libre para servir a tu creador, al Dios que te ama y que murió por ti, y que anhela tu presencia en su presencia. Libre.

IDENTIDAD

"Entonces Jehová Dios formó al hombre del polvo de la tierra, y sopló en su nariz aliento de vida, y fue el hombre un ser viviente". (Génesis 2:7).

(Entonces Jehová Dios formó al hombre del polvo de la tierra... y sopló en su Nariz aliento de vida, y fue el hombre un ser viviente)

Identidad es un título muy adecuado para el tiempo que estamos viviendo, aunque ya hemos escrito algo al respecto, ahora nos ocuparemos primordialmente de la identidad del ser humano.

Tenemos las ramas evolucionista y la creacionista en el mundo de la ciencia que muchos ya conocemos y aunque tal vez para nosotros no sea tan importante escuchar lo que dice la rama de la evolución, pues todo ser humano muy dentro de Él, entiende que viene de un Dios supremo, Creador de todo lo que existe, pero su raciocinio rebelde no le permite aceptarlo, pues esta cegado, entenebrecido y en rebeldía, y cuando alguien está en esta condición no acepta la verdad de Dios, solo el Espíritu Santo puede obrar en ellos, si ellos se lo permiten. Aun así, veremos su punto de vista con respecto al ser humano.

¿Qué es el hombre?

Según La Ciencia: (Basada en la Evolución).

Ser vivo que tiene capacidad para razonar, hablar y fabricar objetos que le son útiles; desde el punto de vista zoológico, es un animal mamífero del orden de los primates, suborden de los antropoides, género Homo y especie Homo sapiens.

Es increíble que en pleno siglo XXI todavía la ciencia y muchos de los seres humanos sigan creyendo esta aberración de la evolución.

(Para este tema quisiera recomendar "La genética y Dios" por el pastor y conferencista Dr. Armando Adulcin video conferencia que la puedes encontrar en YouTube) te impactaras lo que Dios quiere que tu sepas acerca de quiénes somos. No dejes de verlo.

Para algunos autores, el punto de vista científico sobre el origen del hombre no es incompatible con la explicación bíblica ya que afectarían a distintos campos del saber. Así, para los defensores de la preeminencia del punto de vista bíblica, afirmar que el <u>ser humano</u> tiene un <u>origen divino</u> no necesariamente equivale a afirmar que no existan <u>aspectos biológicos</u>, argumentando que la <u>biología</u> es una <u>ciencia</u> y, como tal, no pretende ni puede discernir sobre aspectos <u>metafísicos</u>.

La metafísica es una rama de la filosofía que estudia los problemas centrales del pensamiento filosófico: el ser como tal, el absoluto, Dios, el mundo, el alma. En esa línea, intenta describir las propiedades, fundamentos, condiciones y causas primeras de la realidad, así como su sentido y finalidad. Su objeto de estudio es lo inmaterial, de allí su pugna con los positivistas, quienes consideran que sus fundamentos escapan a la objetividad empírica.

En pocas palabras; la metafísica del griego tardío significa: más allá de la física, o sea más allá de lo objetivo de lo que podemos ver.

No es mi tema la filosofía científica o la filosofía de la ciencia, pero si me atrae mucho. Así que dejare al Dr. Armando Adulcin que se los explique solo como él lo hace. Así que no deje de ver la videoconferencia recomendada arriba.

La Identidad es uno de los temas de los cuales nos deberíamos de ocupar día tras día, ya que al conocer nuestra identidad sabremos quienes somos, el propósito por el que fuimos creados, o sea para que estamos en esta tierra, ¡se imagina! Se acabarían muchos de nuestros problemas, solo con saber quiénes somos, ¡así de importante! porque tendremos propósito en la vida, no viviríamos con monotonía o vivir por vivir.

He aquí nuestra identidad según la psicología humana ¿Quiénes somos?

Existen diferentes escuelas de Psicoanálisis, pero nomas analizaremos o tomaremos en cuenta a la Freudaliana o sea la de Sigmund Freud.

Id, Ego y Superego

Estas tres dimensiones que menciona Freud en su escuela de psicoanálisis se basan meramente en el subconsciente.

El ID (ello), es de carácter impersonal, está formado por disposiciones congénitas y todo aquello que es o ha sido reprimido por el individuo a lo largo de su vida; también están presentes dos grandes instintos: Eros y Thanatos, el instinto de vida o libido (deseo) y el de muerte o destrucción. Es el instinto de vida lo que dirige la existencia del hombre y lo protege contra su destrucción. Constituye el subconsciente, lo que para Freud es lo primordial para determinar la personalidad del individuo.

En pocas palabras esta teoría del ID se basa en el instinto por la sobrevivencia de la vida o por el deseo de vivir y no de morir, lo que para Freud es primordial para determinar la personalidad del individuo.

El EGO (yo), se entiende como un plano de adaptación por medio de los sentidos, las representaciones verbales, la razón y la moral, así como las expresiones de distensión de la vida instintiva. Está formado por la experiencia consciente y lo preconsciente, por lo cual dicha experiencia consciente no entrega al hombre sino una representación engañosa de sí mismo, de los demás, de la humanidad y del mundo. El psicoanálisis pretende encontrar la verdadera imagen del hombre dando predominancia al subconsciente.

En pocas palabras esta teoría del "yo" no sabe quién es en verdad, porque nos entrega una representación engañosa de quien en verdad somos, y de quienes son los demás, y todavía están tratando de encontrar quien verdaderamente somos a través del subconsciente.

El SUPEREGO (Superyó), es la parte cumbre donde el aprendizaje social y los valores aprendidos operan. De él provienen la conciencia moral y la censura, la represión y la sublimación, y se encuentran los remordimientos y los sentimientos de culpabilidad.

En pocas palabras la teoría del superyó es donde se evalúa, que es lo que está bien y lo que está mal, de lo que veo y oigo, y es aquí donde me siento mal o bien en lo moral con respecto a esa evaluación.

En parte la mayoría de psicólogos que hoy tenemos en las clínicas, centros terapeutas o en los consultorios han basado sus conocimientos en esta escuela, no que las demás escuelas no estén bien. Tenemos por ejemplo la humanista, que de igual manera o un poco peor que está, están hasta cierto punto equivocadas, con todo respeto lo decimos, esto no se trata de jugar quién es mejor, sino más bien es conocer la verdad en lo absoluto, al fin y al cabo, solo tienen "teorías" y no un acierto definitivo como lo sostiene la Palabra de Dios.

Veamos, por ejemplo:

¿Cuándo se puede clasificar a una persona de enferma mental?

¿Cuándo se le puede clasificar a una apersona cuando está enfermo mentalmente?

Cuando existan disfunciones orgánicas que afecten el cerebro causadas por daños cerebrales, tumores, herencia genética desordenes glandulares o químicos. Cuando a una persona a través de un electroencefalograma le sale que algo le está alterando la química de su sangre o el funcionamiento del cerebro, a esa persona se le clasifica como a una persona que está alterada de sus facultades, por un tumor o alguna sustancia química que le falta en su organismo y no hay la menor duda de que esa persona está enferma mentalmente.

Pero si tu estás actuando de una forma anormal, y con electroencefalograma no te detectan nada, algo está pasando que está haciéndote actuar de una manera no normal.

Ahora; los psicólogos y los psiquiatras no se ponen de acuerdo quien está normal. Ellos ya no saben quién es coherente y quien es incoherente. Aquí solo la Biblia nos puede dar este parámetro con respecto al comportamiento del hombre. Veamos, cuándo la persona no está enferma mentalmente, pero sus comportamientos son del todo reprochables para la moral, y no hay en si una respuesta de profesionales de la conducta, Entonces: ¿De dónde sabremos cual es el problema?

Debemos entender de una vez por todas que sus problemas y sus actitudes se derivan de un comportamiento pecaminoso. El Pecado es el problema del hombre, tratemos de entender que el hombre ha perdido su identidad porque el pecado se la ha robado. ¿Quién soy? En sí, no lo sé," unos me dicen esto; otros me dicen aquellos, ¿Quién verdaderamente entonces soy?

La mayoría de la gente no alcanza a comprender que el problema trasciende la mente y llega al espíritu, y la mayoría de estos malos comportamientos vienen porque no han resuelto algún problema del pasado, cuando una persona no ha perdonado a alguien que lo lastimó en el pasado, esta persona de alguna manera tiene resentimiento, rechazo, odio etc. contra una o varias personas que le hirieron o te hicieron daño en la niñez, te tiene forzosamente que afectar mentalmente.

La persona no está afectada por alguna alteración mental de su cerebro, sino por su carácter y conducta pecaminosa que viene a ser de carácter auto génico.

Es cierto hablando de la persona que fue lastimada y fue herida, se puede decir que ella no tuvo la culpa de lo que le pasó, aun así, su autoestima fue lastimada, su personalidad tiene ahora traumas psicológicos, por la conducta de alguien más, ahora viene el proceso de sanidad del alma que ha sido herida, aquí todo dependerá de cuanto ella acepte lo que le dice el pecado por medio de esas heridas de opresión y baja autoestima, de alta autoestima, orgullo, envidia, suicidio, etc. Todos estos malhechores estarán allí para aprovecharse de ella, o de aceptar todo lo que dice Dios en su palabra. De ninguna manera descartamos la psicología porque en gran manera ayudan a las personas, pero sí se ha comprobado que las personas que han sido ayudadas por la psicología no son del todo sanadas, ellas superan esos traumas, pero la herida sigue allí. Según Bruce D. Perry, especialista en trauma, la esencia de una persona con trauma puede verse tan alterada que su personalidad después posee ciertos rasgos a lo largo de su vida tales como: ira, una rutina de disculpas constantes, vive o huye del conflicto, crisis de ansiedad o depresión, se hace introvertido, inseguro, etc. en cambio la palabra de Dios trae una sanidad completa al alma, y restaura su completa identidad. Autógeno o auto génico significa: que el problema está dentro de ella misma y no puede echarle la culpa a su papa o a su mama o a tu exesposa o esposo y no puedo decir: si no tuviera esta esposa no sería yo así. No, el problema es auto génico es una responsabilidad personal. Y la consecuencia de nuestra conducta reside dentro de nosotros mismos.

Los psicólogos y los psiquiatras solo han estudiado clínica experimentalmente dentro del laboratorio de la observación empírica de todo aquello que está relacionado con la ciencia y la medicina y lo que pueden observar y conocer a manera de censos sociológicos.

Pero el área que no se puede basar en censos sociológicos u observar ni analizar o aprender en un laboratorio porque no hay un microscopio que pueda ver y traspasar la tercera dimensión ni poder revelarnos el mundo alrededor, se encuentra revelada en la Biblia que nos dice, que muchos seres humanos en este mundo son atormentados por espíritus malignos y por su comportamiento pecaminoso. 1 Sam 16:14-15 y Jeremías 2:17-19 y sobre todo han perdido su identidad a través de todos estos malestares que el pecado ha ocasionado, y ha logrado con creces su propósito y ahora tenemos a la gente llamando malo a lo que es bueno y bueno a lo que es malo, dígame usted si el mundo no está de cabeza. Las personas supuestamente normales están cometiendo asesinatos en masa y los que supuestamente están o tienen problemas mentales no hacen daño, los profesionales de la conducta no encuentran una solución a tanto diagnostico diverso en multitud de pacientes.

Es tiempo de volver a quien creó la personalidad y le dio la identidad al ser humano desde el principio, y aun en este tiempo todavía sigue restaurando la identidad que se perdió cuando el hombre se dejó engañar por el diablo desde un principio.

Todos conocemos la historia de Noé y su familia, y el famoso diluvio, cada vez que miramos el arcoíris nos recuerda el pacto que Dios hizo con Noé; de no destruir al mundo con agua, pero en ese tiempo tuvo que destruirlo porque el hombre no sabía quién era, perdió completamente su identidad, fue engañado por espíritus malignos, que no mueren y que todavía siguen activos y activos en estos tiempos y ahora más que nunca, pues saben ellos que el tiempo se les está acabando según la palabra de Dios. Después de Noé, pregonero de justicia vino Abraham, después vino Moisés, por quien Dios trajo la Ley. (Los mandamientos) (Esto es una verdad absoluta y no relativa como la que los filósofos ateos destacan en sus enseñanzas) La verdad absoluta es con la cual el ser humano se ha sustentado hasta nuestros tiempos, son los diez mandamientos bíblicos que han logrado mantener a la humanidad hasta nuestros días, pero han pasado tantos años que ya la Biblia si no se ha dado cuenta es uno de los libros más atacados por la ciencia y por las grandes luminarias que se enseñan en las universidades desde muchos años atrás, luminarias ateas y con pensamientos completamente ateos y contrarios a la Palabra de Dios, por mencionarte algunos están: Friedrich Nietzsche filósofo alemán con su obra Dios está muerto, tenemos a Jean Paul Sartre el padre del existencialismo, el más reciente, que tiene poco que falleció, Stephen Hawkins, no digamos muchos más que la mayoría ateos con pensamientos contrarios totalmente al creador de la personalidad e identidad del ser humano, cómo no va a estar el mundo como está.

Pero cuando venimos a la persona de Jesucristo quien tuvo y tiene la autoridad de decir que él es Dios y nos trajo y nos enseñó con sus hechos que Él lo era, y nos dio la respuesta al conflicto interno de cada ser humano que no es una enfermedad mental o algún mal del cerebro o algún problema social lo que le ha robado la identidad al hombre, sino el pecado que el hombre aceptó en el huerto del Edén y sigue aceptándolo hoy en nuestros días. Seguimos escogiendo a Barrabás y crucificando a Jesús, cuando Él es, el Creador de todo lo que existe. Tal vez estas palabras no les gustaran a muchos, pero solo te pido que sigas leyendo.

No estoy en contra de la ciencia, porque la Biblia no está en contra de la Ciencia, al contrario, la apoya, pero la ciencia no quiere aceptar a la Biblia aun cuando la ciencia en muchos de sus descubrimientos confirma que la Biblia tiene la razón, ¿por qué es que la ciencia no apoya a la Biblia? En realidad, no es la ciencia la que no apoya la Biblia, sino los hombres de la ciencia, porque no les conviene pues la Biblia les amonesta en muchas de las cosas que ellos hacen en secreto y en público.

Ya los diez mandamientos han sido removidos de las cortes, de las escuelas y de muchos hogares, y esto ha tenido repercusiones más allá de las preocupaciones reprimidas del cristianismo. Donde no hay ley moral, no existe ley de la decencia a quebrantar. La gente queda libre para actuar sin restricciones.

Así hay mucha gente que no quiere la Palabra de Dios porque los amonesta en sus fechorías, pero cuando están en verdaderos problemas, es entonces que quieren saber de Dios, es aquí donde nosotros debemos poner atención para ver la realidad de las cosas.

Veamos ahora qué pasó durante los años antes del diluvio.

Después que el hombre peco en el huerto del Edén el hombre comenzó a multiplicarse sobre la tierra, y al mismo tiempo empezaron a apartarse del conocimiento que tenían de Dios, empezaron a adorar a los palos y a las imágenes, a las estrellas y a todo lo creado y se olvidaron de su Creador. Eso los llevó a perder completamente su identidad como seres racionales, se entregaron a la lascivia y a la concupiscencia de sus corazones y a toda maldad, ya en sus pensamientos era de continuo el mal.

"Y vio Jehová que la maldad de los hombres era mucha en la tierra, y que todo designio de los pensamientos del corazón de ellos era de continuo solamente el mal". (Génesis 6:5).

¿Acaso este versículo no se asemeja a los días que estamos viviendo, ya nadie confía en nadie, ni en la propia familia se puede confiar, porque ultrajan a nuestros niños, los niños han sido las grandes víctimas de nuestros días, ¿De dónde hay tanto homosexualismo y lesbianismo?

Los pensamientos del hombre son de continuo el hacerle mal a alguien, piensan solo en sus propios intereses, el aborto es bueno dicen algunos, cuando sabemos que es un asesinato, el homosexualismo, lesbianismo sabemos que son perversiones demoniacas y las vemos como algo bueno, sexo libre, unión de parejas sin casarse etc. ¿Porque Dios destruyó Sodoma y Gomorra? leamos el Capítulo uno, del libro de los Romanos en la Biblia.

¿Por qué Dios tuvo que enviar el diluvio? El hombre cayó tan bajo, pero tan bajo que Dios decidió raerlo de la faz la tierra. No existía el mandamiento por eso pasó lo que pasó, después que vino el mandamiento a través de Moisés, mejoró la cosa.

¿Qué hace la palabra del mandamiento de Dios?

Después que Dios dio a Moisés los mandamientos para el pueblo, las cosas cambiaron, podemos nosotros ver el poder de la Palabra o del mandamiento.

¿Qué es lo que trae el mandamiento? Vida, identidad.

En el tiempo desde Adán hasta Jesús, era la Palabra hablada, luego esa Palabra se hizo carne (Jesús; Juan 1:14) era Jesús mismo en el mandamiento, trayendo vida al ser humano.

Dice el Evangelio de Juan en su primer capítulo que en el principio era el Verbo; (La palabra) y Cristo era el verbo, la palabra, por eso todo aquel que recibía la palabra o que le creía a Dios en aquel tiempo retomaba su identidad y empezaban a hacer proezas en el nombre de Jehová de los ejércitos.

Hombres que hicieron historia, hombres que transformaron al mundo desde la antigüedad, ¡pero claro después que vino el mandamiento dado por Moisés! fue cuando una vez más el espíritu del hombre tomaba su identidad y no había infierno que lo pudiera parar, por eso reyes antiguos cuando veían a un Daniel a un Sadrac a un abednego, a un Josué, a una Débora a un David se maravillaban de sus dotes, porque sabían ellos, quienes eran en Dios, solo por entregarse a creerle al mandamiento recobraban su identidad, es cierto, a veces muchos eran dominados por el alma o la carne pero aun así no dejaron de creerle a Dios, allí tenemos a Sansón. Uno de los ejemplos más grande de gracia y misericordia: El gran Sansón, del cual aún todavía se habla hasta en el mundo secular. Su última proeza nos deja saber que Sansón sabía quién era su Dios y quien era él en ese Dios.

Ahora nos trasladamos a nuestra dispensación y nos encontramos que Dios quiere meterse en nosotros y educar a nuestro espíritu para vivir para Él, para servirle a Él, para adorarle solo a Él con una verdadera adoración, "En Espíritu y en Verdad". Aquí en esta dispensación que estamos viviendo es donde más se nos ha revelado nuestra personalidad. Nuestra identidad, pero al mismo tiempo tenemos el ataque más infernal de toda la historia del ser humano.

Recordemos que el hombre es tripartito ya que posee: Espíritu, Alma y Cuerpo.

1 Tesalonicenses 5:23 "Y que el mismo Dios de paz os santifique por completo; y que todo vuestro ser, espíritu, alma y cuerpo, sea preservado irreprensible para la venida de nuestro Señor Jesucristo".

Cuando el hombre pecó automáticamente su espíritu, el espíritu que Dios había creado se apagó, murió hasta cierto punto, pues el Alma, lo terrenal tomó el control, el espíritu allí esta, pero sin voz ni mando. (El día que de él comas ciertamente morirás Génesis 2: 17), no murió físicamente, solo quedó lo que se le conoce como el Alma, o sea el asiento de las emociones y de los deseos, el Alma no es otra cosa que emociones y deseos. Esto es lo que forma a una persona: voluntad propia, intelecto, y los sentimientos, aquí entra lo que se le puede conocer como sabiduría humana, o como raciocinio, dividamos estas dos cosas.

Espíritu humano: Sabiduría de Dios, conocimiento de Dios, vida. (El hombre sabe de esto, pero no lo entiende). (Esto quedo adormecido o muerto en el ser humano en la hora que el hombre pecó).

Efesios 2:1–5 "Y él os dio vida a vosotros, cuando estabais muertos en vuestros delitos y pecados,

[2] en los cuales anduvisteis en otro tiempo, siguiendo la corriente de este mundo, conforme al príncipe de la potestad del aire, el espíritu que ahora opera en los hijos de desobediencia,

[3] entre los cuales también todos nosotros vivimos en otro tiempo en los deseos de nuestra carne, haciendo la voluntad de la carne y de los pensamientos, y éramos por naturaleza hijos de ira, lo mismo que los demás.

[4] pero Dios, que es rico en misericordia, por su gran amor con que nos amó,

[5] aun estando nosotros muertos en pecados, nos dio vida juntamente con Cristo" (por gracia sois salvos).

Estos versículos nos hacen ver claramente que estábamos muertos cuando estamos en pecado, refiriéndose a lo que Dios declaro si Adán y Eva desobedecían al mandamiento, y fue exactamente lo que hicieron, desobedecieron y su espíritu quedó comandado por el alma, aunque está en nosotros no tiene ni voz ni mando el Alma lo usa como quiere, por eso estamos más inclinados a creer y a querer las cosas de este mundo.

Alma: Todo lo que me lleva a desear, o me emociona para bien o para mal.

–La ira.

– El miedo.

– La culpa.

– La vergüenza.

– El odio, rencor, etc.

Estas son emociones que a veces no podemos controlar.

El alma usa al espíritu para tener; voluntad propia, intelecto y emociones, por eso el hombre sabe que hay un Dios, pero no lo entiende o no entiende cómo es que, ese Dios tan grande le ama sobremanera y quiere su bienestar en todo lo que concierne a la vida. El alma del hombre tiene un vendaje puesto por el pecado que no le permite mirar o entender quién es, para qué fue creado, cuál es su propósito en esta vida, y esto le hace vulnerable a buscar adorar a algo, ya que la naturaleza que tenemos, es la tendencia de adoración que está en nuestro espíritu, pero como el espíritu está dormido, no puede opinar con respecto de lo que el alma hace, aunque muy dentro de cada ser humano siente esa necesidad de adorar a Dios verdadero, somos engañados en diferentes formas para adorar a dioses falsos.

Aquí es donde entra el mensaje de Dios que los cristianos vienen a traernos, un mensaje de la Palabra de Dios, mensaje que es el mandamiento que da vida una vez más a nuestro espíritu, pero como el alma está en control, entonces lo rechazamos y no queremos porque queremos seguir haciendo lo que nosotros queramos, en otras palabras, queremos seguir en pecado porque no queremos que nadie nos diga nada, pero de una cosa debemos estar seguros que ese pecado nos va a llevar a condenación eterna en el infierno, lo creamos o no, así será.

El alma está deseosa de saciar sus instintos y emociones en las cosas que este mundo ofrece, el diablo lo sabe, por eso todo el placer y las riquezas el diablo te lo ofrece, para que el alma se deleite, esa es una buena trampa para el alma, aquí entra la mentira, el miedo el engaño, etc. para mantener el alma en sufrimiento y el engaño es tal, que aun estando en sufrimiento el hombre no acepta a Dios, al contrario le quiere echar la culpa a Dios de todo lo que le está pasando, no sabe que el diablo con el pecado están detrás de todo esto.

Pero hoy te traemos estas líneas para dejarte saber que Dios te sigue amando, y que todavía sigue restaurando y despertando a tu espíritu para darte no solo vida, sino Identidad haciendo de ti su hijo. No importa en la condición que te encuentres, Él te ama así exactamente como estas, y quiere que le reconozcas como al Padre que todos necesitamos para darnos nuestra verdadera identidad.

¿Qué es lo que mantiene al espíritu muerto, aunque estemos vivos?

Parte de las cosas de este mundo que tienen fascinado al hombre y mantienen al espíritu muerto son: La ignorancia de la Palabra de Dios, el vicio de la televisión, teléfono celular, trabajo, diversión como los bailes, y las discotecas, vicios, etc. todo lo que llame mi atención y me fascine apartándome de la Palabra de Dios y de la comunión con los hermanos y de la oración.

"Con esto no queremos decir que el hombre no debe trabajar, o hacer algunas cosas que puede hacer, la Biblia dice que el hombre debe ganarse el pan de cada día trabajando. La Biblia también dice: todo me es licito, mas no todo me conviene, todo me es licito mas no todo edifica". (1 Corintios 10:23).

Ahora veremos qué es lo que le da la verdadera identidad al ser humano.

Salmo 139:

> [13] "Porque tú formaste mis entrañas; Tú me hiciste en el vientre de mi madre
>
> [14] te alabaré; porque formidables, maravillosas son tus obras; estoy maravillado, y mi alma lo sabe muy bien".

Dios fue y es el que forma a cada ser humano en el vientre de cada mujer, Dios es quien nos crea allí adentro, y todo lo que es formado está escrito en sus libros. Esto hace a Dios ser nuestro verdadero Padre, nuestro creador, nuestro formador, y de Él tiene que provenir lo que nos debe de dar identidad, si Él nos formó y nos crea para qué vivamos en esta tierra, que es lo que nos falta para tener esa identidad que tanto necesitamos.

Hay una palabra la que da la completa identidad al ser humano, y esa palabra viene directamente de Dios, nadie más te la puede dar como Él, se llama amor.

Se ha dado cuenta, que las personas que viven en hogares donde se les brinda amor crecen mejores, hablando en un aspecto de personalidad más firme y sin tanto problema psíquico, a diferencia de los que crecen en hogares disfuncionales, es algo que es muy notorio en la sociedad, esa diferencia entre crecer en un ambiente lleno de amor y sentido de pertenencia a uno donde no existía el amor o el sentido de pertenencia.

¿A qué se debe este patrón, de personalidad más firme o coherente?

Me ha tocado convivir con varias personas, en algunos restaurantes donde tengo una costumbre al mes o a los dos meses, salir a desayunar con una de mis hijas, tengo cuatro, y le aparto a cada una un día, para desayunar con ellas y cuando estamos allí, ha habido meseras que casi se quebrantan, solo por decirles que estoy sacando un tiempo para compartir con mis hijas pequeñas un desayuno, he podido mirar sus rostros como diciendo; como hubiera querido que mi padre hubiera hecho eso conmigo.

No es difícil saber porque ese patrón se da en las personas, la figura paternal en el hogar es primordial en el papel de una niña o un niño, de igual manera la figura maternal, son imprescindibles en lo formación de la personalidad y el carácter de los hijos y por ende de la humanidad. Creo que eso lo sabemos, lo que no sabemos es que ese amor no importa qué edad tengamos lo necesitamos. El ser humano necesita amor desde su nacimiento hasta su muerte, lo que también es cierto es que el amor humano es finito, es limitado, y también está condicionado, me das amor te doy amor, si me traes flores me amas, si no me traes flores no me amas, si no te acuerdas de mi cumpleaños no me amas. El amor del hombre está condicionado. ¿Podremos vivir así, por más tiempo?

Dice Dios:

"Antes que te formase en el vientre te conocí, y antes que nacieses te santifiqué, te di por profeta a las naciones". (Jeremías 1:5).

Wuao antes que fuéramos concebidos en el vientre, Dios ya nos conocía, "Wuao" esta palabra me quebranta, solo el saber que Dios antes que fuera concebido Él ya me conocía, ¿que Dios nos quiere decir con eso? que Él nos hizo nacer porque teníamos un propósito que debemos llevar a cabo en esta tierra, de otra manera Él no nos hubiera dejado nacer, o no hubiera permitido que naciéramos; por ejemplo: tal vez mi propósito era que yo escribiera este libro para que alguien entienda que Dios es su Padre y lo está necesitando para llevar a cabo su propósito. El otro día escuche un testimonio de un hombre, algo verdadero, era de un niño que, por medio de él, trajo la salvación a sus padres y la familia, y luego el niño murió, fue muy difícil para los padres, pero Dios les dijo que había nacido con ese propósito de que ellos le conocieran, y obtuvieran la salvación, que ahora se lo tenía que llevar.

La verdad de este amor es que no termina allí, porque ellos saben que un día verán a su hijo cuando el Señor los llame a su presencia, allí estará el niño esperándolos. David dijo hablando de su hijo:

"Más ahora que ha muerto, ¿para qué he de ayunar? ¿Podré yo hacerle volver? Yo voy a él, más él no volverá a mí". (2 Samuel 12:23).

Dios tiene sus propósitos claros para nosotros, los que no los tenemos claros somos nosotros porque no hemos aceptado su amor a través de aceptar el sacrificio que hizo nuestro Señor Jesucristo, para salvarnos y meternos en ese propósito que Dios se propuso al traernos a este mundo.

Hay dos versículos que quiero mencionar aquí, aunque la Biblia están llenos del amor de Dios hacia nosotros:

"Porque de tal manera amó Dios al mundo, que ha dado a su Hijo unigénito, para que todo aquel que en él cree, no se pierda, más tenga vida eterna". (Juan 3:16).

"Mas Dios muestra su amor para con nosotros, en que, siendo aún pecadores, Cristo murió por nosotros". (Romanos 5:8).

Aquí podemos ver ese amor incondicional, no importa quién eres y cómo estas, Él te ama.

Ese amor que Dios ha tenido y sigue teniendo para con nosotros la humanidad, es un amor que el ser humano no lo entiende, no lo entenderá y no tratemos de entenderlo, porque solo se acepta por fe, una de las cosas de porque el hombre no entiende el amor de Dios, es porque es completamente incondicional, y la mente humana no está preparada para recibir un amor así, más sin embargo muchos lo hemos recibido y hemos descubierto que es verdad y real, hemos encontrado a través de la fe un amor incondicional que llena nuestra alma, despierta nuestro espíritu y nos da identidad, todo es cuestión de creer lo que Él nos dice: "De tal manera nos amó, que nos dio a su Hijo (Jesús en sacrificio) Unigénito para que todo aquel que en El cree, no se pierda más tenga vida eterna"

¿Qué hace el verdadero amor?

El Amor no se construye, tampoco se alimenta, como en muchos de los casos en consejería se suele decir al aconsejar, solo se da, se acepta y se vive. (Es el mismo Amor de Dios que nos edifica y nos construye y nos alimenta) nosotros no podemos construir al amor, ni tampoco alimentarlo. Es el, que no solo nos alimenta, sino que; El Amor mismo nos trae restricciones a nosotros para no lastimar a nadie.

Es cierto; en consejería se recomienda alimentar al amor a través de actos pequeños o grandes detalles de unos hacia los otros, en los matrimonios, en padres hacia los hijos, en los amigos, etc. No está mal, pero ese es un amor meramente humano, limitado, y por ende tiende a tener sus límites, y claro hemos visto a través de la humanidad que tal parece que no ha funcionado. Pero cuando venimos a la persona de Jesucristo, todo cambia. ¿Por qué?

Porque el amor es una persona... *se llama Jesús de Nazaret.*

Demos un vistazo a lo que dice la Biblia con respecto de esto:

1 Juan 4:

> [7] "Amados, amémonos unos a otros; porque el amor es de Dios. Todo aquel que ama, es nacido de Dios, y conoce a Dios.

> [8] el que no ama, no ha conocido a Dios; porque Dios es amor.

⁹ en esto se mostró el amor de Dios para con nosotros, en que Dios envió a su Hijo unigénito al mundo, para que vivamos por él.

¹⁰ en esto consiste el amor: no en que nosotros hayamos amado a Dios, sino en que él nos amó a nosotros, y envió a su Hijo en propiciación por nuestros pecados.

¹¹ amados, si Dios nos ha amado así, debemos también nosotros amarnos unos a otros.

¹² nadie ha visto jamás a Dios. Si nos amamos unos a otros, Dios permanece en nosotros, y su amor se ha perfeccionado en nosotros".

Hay tres atributos que Dios tiene que son inseparables esto es:

–Amor.

–Justicia.

–Verdad.

Cuando Dios ama: Ama con justicia y en verdad.

Cuando Dios aplica la justicia: La aplica con verdad y en amor.

Cuando Dios habla verdad: La habla en amor y con justicia.

Esto es Dios y no se le puede separar, por eso podemos confiar en Él completamente a ojos cerrados.

Nota: Por eso mucha gente no entiende a Dios, y se dicen: "Cómo un Dios tan amoroso nos va a mandar al infierno" Dios no quiere que nadie vaya al infierno, a Él le duele el corazón cuando una de sus criaturas se va al infierno ya que el infierno fue preparado para el diablo y sus ángeles que se rebelaron contra Él.

La Biblia lo dice:

"Entonces dirá también a los de la izquierda: Apartaos de mí, malditos, al fuego eterno preparado para el diablo y sus ángeles". (Mateo 25:41).

Ahora si no existiera la justicia, y la verdad, ¿dígame como estaría el mundo en este momento? Tal vez ya no existiéramos, ya nos hubiéramos matado los unos a los otros. Cómo la mente del ser humano se va a corregir sin la justicia o sin la verdad. Necesitamos el castigo para aprender, pero sin aceptar el perdón de Dios la rebeldía está ganando sobre la humanidad, ya no quieren reglas, sobrepasan la autoridad y lo hacen como algo normal ya. Las personas que van al infierno son porque ellas lo han decidido, no porque Dios lo haya querido, Dios nunca querrá eso, para eso el mismo se dio a morir en esa cruenta cruz, para librarnos del infierno, pero la gente no lo quiere, y si la gente no lo quiere, ¿qué Dios puede hacer? si Él no puede traspasar su propia Palabra.

¿Quién de nosotros conoce a Dios?

Lo primero que debemos entender para conocer nuestra identidad, es saber y creer en quién nos creó y aceptar su perdón, su amor, luego que restaura nuestra identidad, se abre nuestro entendimiento para entender el propósito para el cual fuimos creados.

El entender quiénes somos nos va a ayudar a vivir con propósito, con metas, confiando plenamente en Dios. Porque entenderemos que somos libres de todo pecado y ataduras. Esto solo lo puede hacer el amor, el Amor de Dios.

Necesitamos Sabiduría

Vamos a necesitar sabiduría para poder controlar y manejar bien los sentimientos, las emociones y los deseos, en otras palabras, para poder dominar el alma y someterla al espíritu para hacer lo que Dios quiere que hagamos, y no permitir al diablo que nos gobierne a través del alma y nos confunda, pues ya que es a través de ella que no alcanzamos a saber quién verdaderamente somos.

La Biblia dice:

"Porque el deseo de la carne (alma) es contra el Espíritu, y el del Espíritu es contra la carne alma; y estos se oponen entre sí, para que no hagáis lo que quisiereis". (Gálatas 5:17).

Es el alma la que no nos permite saber quién verdaderamente somos, ella no permite que conozcamos nuestra identidad. Si pensamos bien, nos daremos cuenta de que para nuestra personalidad o identidad nos basamos en lo que sentimos y no en lo que Dios creó.

Dios sabe que necesitamos de su sabiduría, por eso él nos dice a través del Apóstol Pablo en el libro de Efesios:

El espíritu de sabiduría y de revelación

Efesios 1:

> [15] "Por esta causa también yo, habiendo oído de vuestra fe en el Señor Jesús, y de vuestro amor para con todos los santos,
>
> [16] no ceso de dar gracias por vosotros, haciendo memoria de vosotros en mis oraciones,
>
> [17] para que el Dios de nuestro Señor Jesucristo, el Padre de gloria, os dé espíritu de sabiduría y de revelación en el conocimiento de él,
>
> [18] alumbrando los ojos de vuestro entendimiento, para que sepáis cuál es la esperanza a que él os ha llamado, y cuáles las riquezas de la gloria de su herencia en los santos,
>
> [19] y cuál la supereminente grandeza de su poder para con nosotros los que creemos, según la operación del poder de su fuerza,
>
> [20] la cual operó en Cristo, resucitándole de los muertos y sentándole a su diestra en los lugares celestiales,
>
> [21] sobre todo principado y autoridad y poder y señorío, y sobre todo nombre que se nombra, no solo en este siglo, sino también en el venidero;
>
> [22] y sometió todas las cosas bajo sus pies, y lo dio por cabeza sobre todas las cosas a la iglesia,
>
> [23] la cual es su cuerpo, la plenitud de aquel que todo lo llena en todo".

Guao siempre que leo estas palabras, me asombran en gran manera, y no puedo dejar de asombrarme, verdaderamente nuestro Dios es maravilloso.

La sabiduría que Él nos da viene de lo alto, o sea de parte de Él para nosotros y nos la da a través de su Santo Espíritu.

La sabiduría de lo alto

Santiago 3:

¹³ "¿Quién es sabio y entendido entre vosotros? Muestre por la buena conducta sus obras en sabia mansedumbre.

¹⁴ pero si tenéis celos amargos y contención en vuestro corazón, no os jactéis, ni mintáis contra la verdad;

¹⁵ porque esta sabiduría no es la que desciende de lo alto, sino terrenal, animal, diabólica.

¹⁶ porque donde hay celos y contención, allí hay perturbación y toda obra perversa.

¹⁷ pero la sabiduría que es de lo alto es primeramente pura, después pacífica, amable, benigna, llena de misericordia y de buenos frutos, sin incertidumbre ni hipocresía.

¹⁸ y el fruto de justicia se siembra en paz para aquellos que hacen la paz".

Hay algo más que Dios nos dice a través de Santiago acerca de la sabiduría leamos:

Santiago 1:

⁵ "Y si alguno de vosotros tiene falta de sabiduría, pídala a Dios, el cual da a todos abundantemente y sin reproche, y le será dada.

⁶ pero pida con fe, no dudando nada; porque el que duda es semejante a la onda del mar, que es arrastrada por el viento y echada de una parte a otra.

⁷ no piense, pues, quien tal haga, que recibirá cosa alguna del Señor".

Dios quiere por ende que tengamos sabiduría para saber tratar y dominar el alma, sabiduría de lo alto, la Palabra de Dios nunca se equivoca.

Completando nuestra identidad

Si, Dios tiene sentimientos, Él es el amor personificado, tiene que tener sentimientos, pero sobre esos sentimientos está la verdad y la justicia, que son atributos de Dios a la par del amor. Ya lo mencionamos arriba, pero una vez más lo haremos. Porque eso es lo que hace a Dios; estar firme en su palabra y aunque le duela el corazón porque sus criaturas se pierdan y se vayan al infierno por no creerle a Él.

Él no puede violar su Justicia, ni su verdad, que es la que le dan la identidad al ser humano. ¿Cómo así? Veamos la formula siguiente:

Amor+ Justicia + Verdad = Identidad.

Amor = Amor.

Verdad= Perdón.

Justicia = Obediencia.

Amor + Perdón + Obediencia = Identidad.

El amor de Dios te acerca a Él para salvarte a través del arrepentimiento genuino y pedir el perdón de tus pecados, renunciando a tu vida pasada de pecado y aceptando la nueva vida que solo Dios nos da, y aceptando el señorío de Cristo sobre tu vida, pero para disfrutar tu salvación tienes que mantenerte en obediencia a su Palabra. (Recuerda que la desobediencia conlleva castigo) Esta es la fórmula perfecta para encontrar tu verdadera identidad.

El que sabe quién es en Dios, se somete a la autoridad, sin ningún reproche, obedece, porque ha sido perdonado a través del perdón, y sabe su lugar en el reino de Dios sin ninguna duda.

Amados, amémonos unos a otros, porque el amor es de Dios y todo el que ama, es nacido de Dios, y conoce a Dios, porque nuestro Dios es amor.

"Él, de su voluntad, nos hizo nacer por la palabra de verdad, para que seamos primicias de sus criaturas". (Santiago 1:18).

Conclusión

Los días pasan y grandes cosas vienen sobre esta tierra, la palabra de Dios se ha cumplido tal y como Dios la hablo desde la antigüedad, nada ha caído a tierra, desde el primer libro de la Biblia; el Génesis hasta el libro de Apocalipsis, la Palabra se ha cumplido al pie de la letra, Dios, es Dios y no Hay Dios fuera de Él. Los dioses que existen ellos solos se han proclamado o el hombre los ha nombrado sin autoridad. Dios es, el que dice que es, la conciencia y el alma de todo ser humano lo sabe, esa conciencia lo sabe porque Dios es el que puso esa conciencia, y el alma por muy engañada y materialista que sea, lo sabe y no lo puede negar, pues proviene de Dios. No podemos seguir engañándonos a nosotros mismos por puro placer, el tiempo pasa, los años pasan y pronto se acaban los días de nuestra vida en esta tierra, y pasamos al plano espiritual, donde el tiempo no existe, recordemos que Dios ha establecido el orden de los tiempos y los límites de nuestra habitación, libro de los hechos 17, 26, y nadie puede cambiar eso, ni tampoco se puede cambiar algo que ya Dios ha establecido, como el tiempo de la vida del hombre en esta tierra. Hebreos 9:27. Naces, creces y pasas las etapas de tu vida y el tiempo se fue como la hierba que crece en la mañana. En la mañana crece y florece; A la tarde es cortada, y se seca, o como el día de ayer que ya paso y pronto volamos.

Vienen juicios para esta tierra por el pecado que empezó su tarea en el huerto del Edén y por el hombre que le permitió a ese pecado gobernarlo hasta nuestros días. El deseo de Dios nunca ha sido que el hombre sufra, de ninguna manera, Él no nos creó para sufrir, sino para disfrutar y caminar en buenas obras en su presencia, pero fuimos engañados y rechazamos esa vida que él tenía para nosotros, sin embargo Dios ya tenía un plan perfecto para regresarnos a vivir con Él una vez más en su presencia, pero esa será una decisión personal de cada quien, nunca podrás echarle la culpa a nadie más porque te engañó, tú sabes que hay un Dios verdadero y que no hay Dios fuera de Él. Hay hombres en esta tierra que tienen autoridad sobre los espíritus inmundos o demonios, y han avergonzado a satanás mismo, dando a conocer claramente que el diablo no tiene poder en contra de los que están del lado de Dios, pues Dios les ha dado esa autoridad para darnos a conocer a los hombres que lo que dice El en su palabra es la verdad. Los juicios que vienen sobre esta tierra y los tormentos son, inigualables por eso el pecado no permite que nuestra mente finita los alcance a imaginar o percibir realmente como son. El tiempo que nos queda en esta tierra es demasiado corto, tanto es así que mientras escribo estas líneas, estoy esperando el momento que Dios se lleve a su iglesia, Él lo ha prometido y nada de lo que ha prometido ha quedado sin cumplimiento.

Tú que lees estas líneas te pido que escapes por tu vida, cual Lot cuando salió de Sodoma, y escapo al juicio de Dios sobre esas ciudades que fueron quemadas a fuego por su maldad, o cual Noe que obedeció a Dios construyendo el arca y escapando así del juicio de Dios sobre toda esa generación perversa que pereció ahogada en agua. El tiempo se acaba para esta generación del siglo XXI no permitas más que el pecado te siga engañando, renuncia a él ahora y escapa por tu vida, Dios te ama como eres, Dios te ama como estas, no importa cómo te sientas o en que condición te encuentras, su amor lo único que te pide, es que tengas fe para creerle a Él, renunciar al pecado y pedirle que te perdone y sea El tu señor y tu Salvador, Dios es capaz de transformar tu tristeza en gozo, tu dolor en sanidad, el transforma tu vida de una manera increíble y preciosa. Es cierto a veces no es fácil arrepentirse de nuestras maldades porque es demasiado lo que el pecado ha hecho en nosotros, se hace casi imposible arrepentirnos de nuestros errores delante de un Dios santo, sin embargo, Dios nos entiende y nos entiende perfectamente, por eso tiene tanta paciencia para con nosotros y su amor ya está sobre ti.

Bibliografía

- Biblia Reina Valera 1960
- Traducción Dios Habla Hoy
- Libro "Penetrando en la Oscuridad" (Novela) de Frank Peretti
- Libro "Cuando los escépticos preguntan" de Norman Geisler y Ron Brooks
- Explorar TGC
- Evangelio.Blog

Sobre el Autor

El hermano Joel Cano nació en Chihuahua México, y emigró a los Estados Unidos con expectativas de un cambio de vida. Ha radicado desde entonces en el estado de Georgia donde conoció a Jesucristo como su Señor y su Salvador personal. Es ministro Ordenado de la iglesia de Dios. Estudió cuatro años en el Instituto Teológico Latinoamericano, egresando como un líder cristiano. El ha preparado discípulos para el trabajo ministerial de las iglesias. Le gusta pescar y es amante de la oración y el evangelismo. Fue pastor por cuatro años y actualmente es profesor de dicho Instituto. Está casado y con cuatro hermosas hijas.

www.ingramcontent.com/pod-product-compliance
Lightning Source LLC
LaVergne TN
LVHW012249070526
838201LV00092B/167